www.tredition.de

AF202428

Und immer geht es um Qualität.
Immer.

Bernhard M. Huber

Bernhard M. Huber

# Qualität

## Eine Frage der Moral?

www.tredition.de

© 2017 Bernhard M. Huber

Verlag: tredition GmbH, Hamburg

ISBN
Paperback:      978-3-7439-1455-1
Hardcover:      978-3-7439-1456-8
e-Book:         978-3-7439-1457-5

Printed in Germany

# Inhalt

# 1. Einleitung

Wieso muss man eigentlich über Qualität noch reden oder gar schreiben, wo doch jeder weiß was Qualität ist? Natürlich hat jeder von uns eine Vorstellung von Qualität, weil er entscheiden kann, ob eine Sache für ihn von guter Qualität ist – oder eben nicht. Qualität *hat* in der Regel etwas, das uns gefällt und positive Gefühle auslöst.

Was uns allerdings normalerweise nicht immer bewusst ist: Wir alle befassen uns immer und ohne Unterbrechung mit Qualität. Denn unseren Entscheidungen gehen immer ein Bewerten und ein (Qualitäts-)Urteilen voraus. Das Urteil ist die Grundlage zur Entscheidung, ob wir etwas wollen oder nicht wollen, was wir gut oder schlecht, schön oder hässlich finden. Wenn wir dann noch entscheiden müssen, ob wir dieses *Etwas* kaufen wollen, kann es allerdings passieren, dass wir uns das Beste oder Schönste nicht leisten können. Möglicherweise machen wir einen Kompromiss und kaufen nur das Zweitbeste. Solche Kompromisse sind völlig normal.

Dass wir uns immer und ohne Unterbrechung mit Qualität beschäftigen liegt auch in der Tatsache, dass wir uns nicht *nicht* entscheiden können, auch keine Entscheidung zu treffen ist eine Entscheidung. Wir fällen also *am laufenden Band* Qualitätsurteile. Es ist ein unentwegtes Vergleichen, Abwägen, Bewerten,

Urteilen und Entscheiden. Würde man die Ergebnisse dieser Urteile in Worte fassen, würden sie etwa so lauten: *Das ist super, das gefällt mir, das will ich haben* und ähnliches mehr – in verschiedenen Abstufungen und natürlich auch das jeweilige Gegenteil.

Wer entscheidet braucht Maßstäbe bzw. Kriterien mit denen er eine Sache oder einen Vorgang vergleicht, um dann urteilen zu können, ob etwas gut oder schlecht ist. Wenn man weiterhin bedenkt, dass unterschiedliche Personen ein und dieselbe Sache unterschiedlich beurteilen können, muss man spätestens jetzt schlussfolgern, dass die besagten Maßstäbe subjektiv sind. Diese Maßstäbe sind geprägt von unseren Erfahrungen, Überzeugungen, Empfindungen und nicht zuletzt von unserer Erziehung. Insofern handelt es sich hier also um individuelle Qualitätsurteile.

Wenn aber jeder bei ein und derselben Sache zu einem anderen Urteil kommen kann, dann ist diese subjektive Qualität etwas völlig Beliebiges und insbesondere nicht Normierbares. Im privaten Leben könnte man dieser Aussage wohl leicht zustimmen.

Ist man aber in einem Unternehmen mit Qualität befasst, weiß man, dass eine Zufälligkeit und Nicht-Normierbarkeit der Produkt- und Dienstleistungsqualität über *kurz oder lang* den wirtschaftlichen Untergang bedeuten würde. Die Forderung nach der Normierbarkeit von Qualität wird durch die Einführung von objektiven Qualitätskriterien erfüllt. Wie das gemeint ist, werden wir später genauer betrachten. Hier nur so viel: Diese so normierte Produktqualität kann man messen, zählen, wiegen, also objektiv erfassen. Dennoch werden wir bei der Untersuchung der betrieblichen Qualität feststellen, dass diese auch von unserem subjektiven Qualitätsempfinden abhängig ist.

Diese ersten Anmerkungen deuten darauf hin, dass es mehrere Qualitäten geben könnte: subjektive, objektive, betriebliche, private. Gibt es also tatsächlich mehrere *Dimensionen* von Qualität?

Das ist die Motivation für diese Schrift: *Ich will wissen was Qualität ist!* Oder wie Robert M. Pirsig sagt: *Für den Intellekt hat der Vorgang, Qualität zu definieren, selbst eine unwiderstehliche Qualität* [Pirsig, 2006].

## 1.1   Versuch einer Begriffsbestimmung

Für einen ersten Versuch einer Begriffsbestimmung befragen wir die einschlägigen Wissensseiten im Internet, beispielweise Wikipedia oder das Gabler Wirtschaftslexikon [Gabler]. Wir bekommen zwei Varianten zur Definition von Qualität geliefert, eine neutrale und eine bewertende. In der neutralen Definition von Qualität (lateinisch qualitas: Beschaffenheit, Merkmal) geht es schlicht nur um die wertfreie Summe aller *Eigenschaften eines Objektes, Systems oder Prozesses*. Beispiele sind etwa: *Das Auto ist  rot, der Berg ist 4500 Meter hoch, der Vorgang dauert 3 Stunden*. Das sind rein objektive, messbare und widerspruchsfreie Eigenschaftsbeschreibungen.

Geht es aber um die <u>Bewertung</u> eines *Objektes, Systems oder Prozesses* spricht man nach Gabler von deren *Güte*. Wobei statt des Begriffs *Güte* im üblichen Sprachgebrauch meist auch der Begriff *Qualität* verwendet wird. Eine Bewertung hat immer etwas mit einem Vergleich einer Eigenschaft mit einem vorhandenen Maßstab zu tun, welcher dann ein Qualitätsurteil ermöglicht und in der Folge davon eine Entscheidung erlaubt, wie etwa: *Das Auto fährt zu schnell, der Berg ist mir zu hoch, der Vorgang dauert zu lang.*

Also, entweder betrachtet man die Eigenschaften wertfrei oder (be-)wertend. Wobei es, wie gesagt, für die Bewertung bzw. den Vergleich natürlich ein fixes Maß als Vorgabe geben muss. In den genannten Beispielen ist das Maß *die maximal erlaubte Geschwindigkeit, die Grenze meiner Kondition* und *die vorgegebene Dauer des Vorgangs.* Allgemein definiert sich Qualität nach Gabler aus der Übereinstimmung von Leistungen mit Ansprüchen. Ansprüche stellen *Kunden, Händler und Hersteller.* Das ist zwar richtig aber leider unvollständig! Wenn wir Qualität umfassend betrachten wollen, müssen wir unbedingt beachten, dass auch die Kollegen und Mitarbeiter bzw., allgemein gesprochen, *die Mitglieder einer Gruppe* wechselseitige Ansprüche haben und Forderungen stellen! In einem Unternehmen wird das besonders dort deutlich, wo in einer Abfolge von mehreren Arbeitsschritten verschiedene Mitarbeiter ein Produkt oder einen Vorgang bearbeiten. Hier gibt es Ansprüche, Forderungen und Wünsche bezüglich kollegialer Zusammenarbeit, gegenseitiger Unterstützung, Wertschätzung, Kommunikation und schließlich gibt es den Wunsch nach Freude an der Arbeit. Es geht also auch um die Qualität der Arbeitsbedingungen.

Dass es überhaupt mehr als eine Definition für Qualität gibt, gibt nicht nur zu denken, es ist ein echtes Problem im Verständnis und im Umgang mit diesem Begriff. Während man die Verwendung des Wortsinnes als Übersetzung aus dem Lateinischen natürlich widerspruchslos hinnehmen muss (Beschaffenheit, Eigenschaft, Merkmal), sorgt die bewertende Definition von Qualität zunächst für Verwirrung. Allein die Aussage: *Der Qualitätsbegriff kann subjektiv (subjektive Qualität) und* objektiv *(objektive Qualität) interpretiert werden* [Gabler], macht die Sache noch unübersichtlicher.

Als subjektive Qualität haben wir unsere *private* und individuelle Vorstellung von Qualität schon erkannt und es ist unmittelbar einleuchtend, dass wir diese weder ablegen noch leugnen können. Deshalb ist es nicht verwunderlich, dass wir diese Denkweise auch in unseren beruflichen Alltag mitnehmen. Nur hier müssen wir Qualität objektiv beurteilen und zwar insbesondere so, dass alle der gleichen Meinung sind. Wie kann das sein?

All diese *Ungereimtheiten* gäben alleine noch keinen Anlass eine Untersuchung zum Thema Qualität zu starten. Wer aber länger darüber nachdenkt, wie Qualität entsteht und wie sie sich eventuell beeinflussen lässt, was die vielen Qualitätsbeauftragten in den Unternehmen schon von Berufs wegen tun, spürt mit der Zeit eine Art *intellektuelle Unzufriedenheit* in sich hochsteigen. Diese wird insbesondere von dem Umstand genährt, dass immer wieder mal Maßnahmen, die erwähnten Qualitätskriterien dauerhaft umzusetzen, fehlschlagen. Vielleicht hat man ja eine gewisse Ahnung, warum das so ist, aber wo und wie man da ansetzen könnte, bleibt meist unklar.

Als wichtiges Ergebnis bis hierher sollten wir festhalten, dass wir *privat* Qualität nicht als wertfreie Eigenschaft einer Sache sehen, sondern immer eine Bewertung vornehmen und wir bewerten eine Sache individuell unterschiedlich. Im Unternehmen muss aber eine Sache von allen Beteiligten gleich, also objektiv, bewertet werden. Wir werden sehen, dass wir auch im Bereich der objektiven Qualität Kompromisse machen müssen.

## 1.2 Der Untersuchungsauftrag: Die Q-Frage

Um die erwähnten *Ungereimtheiten* beim Umgang mit dem Begriff der Qualität strukturiert untersuchen zu können, brauchen wir einen klaren *Untersuchungsauftrag*. Dazu erweitern wir die Forderung: *Ich will wissen was Qualität ist!* Und wir wollen zusätzlich untersuchen wie Qualität entsteht und welchen Einfluss wir darauf haben. Aus diesem Anspruch heraus formulieren wir unseren Auftrag in Form dieser dreiteiligen **Q-Frage:**

**Was ist Qualität? Wo findet Qualität statt? Unter welchen Bedingungen entsteht Qualität?**

Diese Frage soll uns helfen, bisher nicht beachtete Aspekte herauszuarbeiten. Es geht um ein umfassendes Verständnis von Qualität und den Mut nach neuen Antworten zu suchen. Nur mit einer neuen Sicht auf Qualität können wir auch die Bedingungen verstehen unter welchen sie entsteht.

Mit den nun folgenden Betrachtungen und Beispielen beziehe ich mich zum einen auf das private und zum anderen auf das betriebliche Umfeld. Es ist nämlich erstaunlich, dass qualitätsrelevante Ansichten und Verhaltensweisen, die im Privaten selbstverständlich sind, in einem Unternehmen oftmals erst erkämpft bzw. begründet werden müssen.

## 1.3   Die vier Dimensionen der Qualität und ihre Dynamik

Die bisherigen Anmerkungen zeigen ganz offensichtlich, dass es mindestens zwei Dimensionen von Bewertung bzw. Qualität gibt, eine subjektive Qualität (*das Auto gefällt mir*) und eine objektive Qualität (*das Auto ist rot*). Mit der subjektiven Qualität hat es noch eine besondere Bewandtnis, wenn ich sage*: Das Auto gefällt mir*, ist von mir als Individuum und vom Auto als Ding oder Objekt die Rede. Eine völlig andere Situation liegt vor, wenn ich sage: *Die Nachbarn sind nett*. *Nett* ist auf alle Fälle auch eine bewertende Feststellung, und es geht hier, wie bei *das Auto gefällt mir*, um eine subjektive Bewertung bzw. subjektive Qualität. Allerdings handelt es sich jetzt um die Qualität einer zwischenmenschlichen Beziehung, welche völlig losgelöst von irgendwelchen Dingen ist.

Nach kurzem Nachdenken finden wir noch eine weitere Dimension: Wenn eine Mutter ihr Kind mit den Worten *das hast du toll gemacht* lobt, dann bewertet sie eine Handlung ihres Kindes, wobei etwaige Gegenstände im Rahmen der Handlung keine besondere Rolle spielen.

Damit zeigt sich mit welchen Dimensionen von Qualität wir uns auseinandersetzen müssen, wenn wir der Qualität insgesamt auf den Grund gehen wollen:

(1) **Die objektive Qualität der Dinge**
    Beispiel: *Das Auto hat vier Räder*; Bewertung durch Messung (=Zählung). Hier gibt es keine individuellen Unterschiede in der Bewertung.

(2) **Die subjektive Qualität der Dinge**
    Beispiel: *Das Auto gefällt mir*; Bewertung durch meine Vorstellung von schönen Dingen. Hier gibt es individuelle Unterschiede in der Bewertung.

(3) **Die subjektive Qualität von Beziehungen (Beziehungsqualität)**
    Beispiel: *Die Nachbarn sind nett*; Bewertung durch

meine Vorstellung von guter Nachbarschaft. Hier gibt es individuelle Unterschiede in der Bewertung.

(4) **Die subjektive Qualität von Handlungen (Handlungsqualität)**
Beispiel: *Toll, wie er sein Team führt*; Bewertung durch meine Vorstellung von Führungsqualität. Hier gibt es individuelle Unterschiede in der Bewertung.

Die Varianten *das Auto gefällt **uns*** bzw. ***wir** finden die Nachbarn nett* brauchen nicht betrachtet zu werden, da sich das ***Uns*** bzw. das ***Wir*** immer aus mehreren Individuen zusammensetzt, von denen jedes für sich subjektiv bewertet. Auch mehrere, scheinbar gleiche, aber subjektive Bewertungen, ergeben natürlich kein objektives Qualitätsurteil. Abgesehen davon entzieht sich *nett sein* sowieso jeglicher objektiver Beurteilung.

Anmerkung: Obwohl auch z.B. die Messung des Blutdrucks am Menschen zu einer objektiven Qualität führt (*120 zu 80*), möchte ich der Einfachheit halber die Begriffe *Dinge* bzw. *Objekte* beibehalten und in diesen Fällen ausnahmsweise auch für Lebewesen gelten lassen.

Nun kommt noch ein weiterer Aspekt hinzu: Es liegt wohl in der Natur des Menschen immer alles verbessern zu wollen. Hat man mal eine Zeit lang ein bestimmtes (Qualitäts-)Niveau gehalten, denkt man über den nächsten Qualitätsschritt nach (*eigentlich bräuch-*

*ten wir ein größeres Auto*). Das bedeutet, wir müssen den vier Qualitätsdimensionen noch eine dynamische Komponente zuordnen:

(5) **Qualitätsdynamik:** Sie ist die Triebfeder (Wunsch, Notwendigkeit) zur Verbesserung der objektiven Qualität der Dinge (Effektivität) bzw. ihrer Herstellung (Effizienz) und/oder der subjektiven Qualität von Handlungen und Beziehungen der Menschen, die diese Dinge herstellen (Arbeitsteam) oder sich anderweitig in einer sozialen Gruppe organisiert haben.
Der *kleine Bruder* der Qualitätsdynamik ist der **Qualitätskompromiss.** Es entspricht unserer Erfahrung, im privaten Bereich wie im Unternehmen, dass wir nicht immer ein Maximum an Qualität erreichen können und mit weniger zufrieden sein müssen.

Damit haben wir einen ersten Schritt zur Definition von Qualität getan. Von der Antwort auf die Q-Frage selbst sind wir allerdings noch ein gutes Stück entfernt. Wir setzen die Untersuchung fort, in dem wir die Qualität im privaten und betrieblichen Umfeld anhand einiger Beispiele genauer betrachten.

# 2. Allgemeines Qualitätsverständnis

## 2.1 Die subjektive Qualität der Dinge

Beispiel 1: Fenster putzen

Ein guter Freund hat mir folgende Geschichte erzählt: *Neulich habe ich mal wieder die Fenster unserer Wohnung geputzt. Auch wenn es mir keiner glaubt, ich mache das eigentlich ganz gerne. Bisher habe ich dazu verschiedene Wundertücher und Spezialflüssigkeiten benutzt. Das hat auch immer ganz gut funktioniert, etwas mühsam zwar, aber das Ergebnis konnte sich sehen lassen. Als ich dann zufällig die professionellen Fensterputzer in unserem Schwimmbad beobachtet habe, wie sie scheinbar mühelos die riesigen Fenster sauber bekommen, wollte ich das unbedingt auch können. Seitdem habe ich auch so ein Abziehteil mit einer Gummilippe auf der einen und einem Schwamm auf der anderen Seite – funktioniert super!*

Analyse

Er hat, ausgelöst durch ein Vorbild (professionelle Fensterputzer), seine bisherige Methode durch eine einmalige Maßnahme deutlich verbessert. Obwohl diese, wohlgemerkt, für die Sauberkeit des Fensters überhaupt keine Rolle spielt. Es war auch mit der alten Methode immer sauber, kann also jetzt nicht *sauberer* sein. Der Unterschied liegt also nicht im Effekt (saube-res Fenster), sondern in der Effizienz (schneller, weniger anstrengend). An diesem Beispiel erkennt man sehr gut, was mit *Qualitätsdynamik* gemeint ist.

Desweiteren kann man fragen, <u>wo</u> denn in dieser Geschichte Qualität stattfindet. Zunächst sind hier zwei Dimensionen der Qualität zu erkennen. Zum einen gibt es die Qualität des nun sauberen Fensters, welche man durch einen messtechnischen Vorher-Nachher-Vergleich beweisen könnte. *Sauber* ist als messbare Eigenschaft eine objektive Qualität. Die objektive Qualität steckt im Fenster! Gäbe es das Fenster nicht, gäbe es auch kein sauberes Fenster.

Hinzu kommt ein Gefühl der Freude über das saubere Fenster. Die Freude ist Ausdruck für den Wert, den man einer Sache beimisst – Freude empfinden ist eine Bewertung! Diese Freude steckt nicht im Fenster, sondern *in mir*! Die subjektive Qualität findet immer(!) im Subjekt statt. Und sie findet übrigens auch dann statt, wenn man gerade nicht durch das saubere Fenster schaut. Die subjektive Qualität ist völlig losgelöst vom Ding (vom Fenster)!

Und noch etwas Verblüffendes: Natürlich verblasst diese Freude mit der Zeit, weil einfach die Bedeutung dieses Vorganges (*in mir*) abnimmt, bzw. andere Dinge wichtiger werden. Damit ist diese Qualität auch ein zeitlich begrenztes Phänomen: Subjektive Qualität ist ein Ereignis(!) und kein Dauerzustand. Leider gilt das auch für die objektive Qualität: Das Fenster wird (wie von selbst) wieder schmutzig. Diese Ereignishaftigkeit, diese Vergänglichkeit der Qualität der Dinge gehört zur Antwort auf die Frage: Was ist Qualität?

Fassen wir zusammen, der Vorgang *Fenster putzen* hat

(1) <u>zwei</u> Qualitäten: das saubere Fenster (objektive Qualität) und die Freude (subjektive Qualität).

(2) <u>zwei</u> Qualitätsorte: das Fenster als Ort für die objektive und man selbst als Ort für die subjektive Qualität.

(3) <u>zwei</u> Qualitätsereignisse: die Freude und das saubere Fenster; beide sind zeitlich begrenzt!

(4) <u>eine</u> Qualitätsdynamik: die verbesserte Methode des Fensterputzens.

Den dritten Teil unserer Q-Frage, bei dem es um die Bedingungen für das Entstehen von Qualität geht, müssen wir noch unbeantwortet stehen lassen. Soviel kann aber schon gesagt werden: Es ist nicht das zum Fensterputzen verwendete Werkzeug. Es ist überhaupt nichts Materielles.

Weitere Beispiele sollen die vier Dimensionen und Eigenschaften von Qualität illustrieren:

Beispiel 2: Das neue Auto

Nehmen wir an, Sie haben sich ein neues Auto gekauft. Jetzt freuen Sie sich natürlich. Ganz besonders toll finden Sie Form, Farbe und Ausstattung oder die Anzahl der Zylinder, die Pferdestärken, die Geländegängigkeit etc. Damit das Auto keinen Schaden nimmt, stellen Sie es in die Garage und gehen mit einem Lächeln zurück in Ihre Wohnung.

<u>Analyse</u>

Wo ist Ihre Freude, wenn das Auto in der Garage steht? Auch in der Garage? Natürlich nicht. Sie ist immer bei oder besser in Ihnen. Richtig ist, dass der Auslöser der Freude das neue Auto ist, aber sie *klebt* nicht am Auto, sondern an Ihnen. Man kann sich z.B. auch über einen gerade vorbeigefahrenen Oldtimer freuen, obwohl er einem gar nicht gehört. Dass die Freude am neuen Auto eventuell nach 350.000 km *im Rost versinkt*, zeigt auch hier, dass die Freude am Auto (subjektive Qualität), wie auch die objektive Qualität des Autos selbst (Rost), vergänglich ist.

Um diesen Gedankengang jetzt noch auf die Spitze zu treiben: Gäbe es die Freude am neuen Auto nicht, gäbe es auch kein neues Auto. Die Industrie würde die Autos erst gar nicht herstellen, wenn nicht diese Freude ein Hauptantrieb für den Autokauf wäre. Keine Freude, kein Auto. Die Freude erzeugt das Auto, nicht umgekehrt! Der letzte Satz geht auf eine Analyse von Robert M. Pirsig [Pirsig, 1974] zurück, wonach Qualität nicht die Wirkung von Subjekten oder Objekten ist, sondern deren Erzeuger. Dieser philosophisch sehr interessanten, metaphysischen Betrachtung von Qualität werde ich allerdings nicht weiter folgen, denn sie liefert keine Antworten auf unsere Q-Frage.

Ergänzend zur Feststellung, dass die subjektive Qualität nicht im Objekt steckt, möchte ich den Philosophen J. G. Sulzer zitieren. Als Brieffreund Kants, schreibt er diesem: *Die Empfindung ist eine Handlung der Seele, die mit dem Gegenstand, der sie hervorbringt, nichts gemein hat. Nicht den Gegenstand empfindet man, sondern sich selbst* [Ludwig, 2008].

Beispiel 3: Autounfall

Die bisherigen Schlussfolgerungen funktionieren natürlich auch mit negativen Beispielen: Wenn Sie mit Ihrem Auto vor der Ampel versehentlich ein anderes Auto anfahren oder von einem anderen angefahren werden, ist der Ärger natürlich groß. Nur, der Ärger (negativ-subjektive Qualität) steckt nicht in den Beulen und Schrammen der beteiligten Fahrzeuge, den tragen Sie eine ganze Weile mit sich herum. Sie selbst sind der Ort dieser negativen Qualität, und wir wissen, dass jeder Ärger einmal verraucht, also ein zeitlich begrenztes Ereignis ist.

Die nächsten Beispiele unterscheiden sich insofern stark von den vorangehenden, als es hier einer ganzen Gruppe von Menschen gelingt, Qualität gemeinsam zu erzeugen und zu empfinden. Was da im Sinne von Qualität passiert, hat damit noch ganz andere Ausprägungen als die Fensterputz- oder Autogeschichten und ist besonders wichtig für unsere weiteren Untersuchungen.

## 2.2 Die Qualität von Beziehungen und Handlungen

<u>Beispiel 4: Mathematiknachhilfe</u>

Ein guter Bekannter gibt seit einiger Zeit Mathematiknachhilfe für Erwachsene. Diese Nachhilfe geschieht im Rahmen einer einjährigen Schulung, welche zu einem anerkannten Schulabschluss führt. Die Teilnehmer sind also nicht mehr ganz jung und haben meist auch Familie. Im Gegensatz zu einer normalen (Pflicht-)Schulsituation kommen die Schüler aus freien Stücken, obwohl dies allein schon organisatorisch ein ziemlicher Klimmzug ist, da nebenbei noch Kinder und Haushalt zu versorgen sind. Vielfach müssen auch noch Partner oder Arbeitgeber mühsam überzeugt werden, bevor diese das Vorhaben unterstützen. Ihr Antrieb ist aber so groß, dass sie alle Widerstände überwinden, nochmal die Schulbank drücken und Prüfungen durchstehen wollen.

Natürlich wollen sie sich und anderen etwas beweisen und ihr Selbstwertgefühl steigern. Aber sie haben auch konkrete berufliche Ziele, wollen eine Berufsausbildung beginnen, einen neuen Job ergreifen, ihre finanzielle Situation verbessern etc. (Qualitätsdynamik!). Wenn dann die Prüfungen bestanden sind, sind Freude und Stolz natürlich riesig.

<u>Analyse – Teil 1</u>

Wo findet hier nun die Qualität statt? Nun kann wirklich niemand behaupten, Freude und Stolz würden an physischen Dingen wie Klassenraum, Tafel oder Lehrgangsmaterial anhaften, selbst das Gefühl der Dankbarkeit gegenüber den Lehrerinnen und Lehrern entsteht definitiv in den Köpfen der Schüler. Der Ort der subjektiven Qualität ist in den Schülern.

Nun gibt es hier allerdings auch eine objektive Qualität: Das Bestehen der Prüfung (= Messung) kann gegenüber jedermann mittels Zeugnis objektiv nachgewiesen werden.

## Analyse – Teil 2

Diese Schulsituation hat aber noch einen anderen Aspekt. Als Lehrer ist man ja auch *Teil des Spiels*. Ich weiß ja nicht, ob es häufiger vorkommt, dass Lehrer und Schüler gleichermaßen Freude an der gemeinsamen Arbeit haben. Aber wenn das passiert, dann entsteht etwas, was ich als *virtuellen Qualitätsraum* bezeichnen möchte. Ein Raum in dem das Gefühl entsteht, als seien alle Beteiligten auf geheimnisvolle Art miteinander verbunden und alle würden auf einer Wolke aus Verständnis, Wohlwollen, Rücksichtnahme, Hilfe, Geduld und Nachsicht schweben. Da gibt es nichts Falsches oder Hinterhältiges, nichts Egoistisches oder Gefährliches, nur positiv-subjektive Handlungs- und Beziehungsqualität.

Man verzeihe mir diese blumige Beschreibung, aber jeder von uns kennt solche Gruppenerlebnisse. Wenn Sie Fußball spielen oder einen anderen Teamsport betreiben (selbst nur vom Fernsehsessel aus), dann kennen Sie das Gefühl wie ein einziger Organismus, ein einziges Beziehungsgeflecht zu funktionieren, wenn alles *rund läuft* – was natürlich nicht immer der Fall ist. Sie kennen ganz besonders auch das Gefühl der gemeinsamen Freude oder – falls Sie das Spiel verloren haben – das Gefühl der gemeinsamen Enttäuschung. In jedem Fall sind es beeindruckende Ereignisse!

Damit haben wir beispielhaft ein erstes Vorkommen von hoher Handlungs- und Beziehungsqualität. Handlungen und Beziehungen der Teammitglieder (Schüler, Sportler etc.) scheinen, zumindest für eine gewisse Zeit völlig *stimmig* zu sein. Sollte das nicht auch in beruflichen Arbeitsgruppen möglich sein?

<u>Beispiel 5: Nochmal Schule</u>

Ich habe mich gefragt, ob die oben beschriebene Schulungssituation auch mit jugendlichen Pflichtschülern möglich ist und habe dazu eine erfahrene Lehrerin befragt. Sie hat das grundsätzlich bejaht und mir erklärt, worauf es ihr beim Unterricht mit Jugendlichen ankommt: Das Wichtigste sei es, die Schüler als Persönlichkeiten wahrzunehmen und auch so zu behandeln. Dies wird u.a. durch einen Ansatz erreicht, bei dem großer Wert darauf gelegt wird, die Unterrichtsthemen gemeinsam zu erarbeiten, Vorschläge von Schülern ernsthaft aufzugreifen und zu analysieren bzw. Lösungen zu bestimmten Problemstellungen gemeinsam zu entwickeln. Ein weiterer Punkt, der auch sonst im Leben eine große Rolle spielt, ist, dass die

Schüler möglichst auch einen persönlichen Vorteil im Erlernten sehen, d.h. die Frage *wozu soll das gut sein* soll sich möglichst aus der Lernsituation heraus beantworten lassen.

Analyse

Persönlichkeit anerkennen, Problemlösungen gemeinsam angehen, jede Idee anerkennen, den praktischen Nutzen erklären, offen und ehrlich kommunizieren – dieser Lehransatz erzeugt Qualität direkt in den Köpfen der Schüler, indem er auch auf die Qualität von Handlungen und Beziehungen in der Gruppe achtet, diese initiiert und fördert.

Mit ihrer Handlungskompetenz (Qualität!) bauen sie eine positive Beziehung (Qualität!) zu ihren Schülern auf. Und es kann gelingen, dass diese Handlungs- und Beziehungsqualität von den Schülern übernommen wird. In einer solchen Qualitätssituation gehen dann auch die Schüler untereinander völlig anders miteinander um, sie zeigen gegenseitiges Verständnis, Rücksichtnahme, Hilfe, Geduld, Nachsicht. Was für ein Ereignis! Was für eine Qualität! Und die Wirkung geht noch weiter: Qualität drückt sich hier nicht nur in Wissen und Können aus, sondern auch in positiver Lebenseinstellung und Ausstrahlung – weit über das Schulgelände hinaus.

Mit den Schulbeispielen verlassen wir zunächst das *Qualitätsgeschehen* im eher privaten, persönlichen

Umfeld und setzen die Untersuchungen im beruflichen Umfeld fort.

# 3. Qualitätsverständnis im Unternehmen

## 3.1 Von der subjektiven zur objektiven Qualität der Dinge

Es leuchtet unmittelbar ein, dass wir im Unternehmen bei der Bewertung unserer Produkte und Dienstleistungen mit subjektiven, also zufälligen, Meinungen nicht arbeiten können. Ein *das gefällt mir* wird es zwar weiterhin geben, weil wir an den Dingen, die wir produzieren auch Freude haben, aber so eine *weiche*, nicht normierbare Feststellung darf in der Produkt<u>bewertung</u> keine Rolle spielen. Später werden wir allerdings sehen, dass bei der Produkt<u>erzeugung</u> der subjektiven Qualität von Handlungen und Beziehungen eine ganz besondere Bedeutung zukommt.

Wir wollen also im Unternehmen unbedingt weg von einer subjektiven Produktbewertung! Das bedeutet, dass wir die Bewertung dem Menschen (den *Subjekten*) *wegnehmen* und an einen technischen Vorgang *übergeben* müssen: die Messung. *Messen* ist das Credo im betrieblichen Qualitätsmanagement. Nach der Messung erfolgt die Beurteilung, also der Vergleich der gemessenen Ist-Werte mit den vorher festgelegten Soll-Werten. Wichtig ist zunächst, dass es sich bei der Bewertung um einen *technischen Vorgang* handelt. Das hat eine Reihe von Vorteilen: Technische Messverfahren sind eindeutig beschreibbar, die Messungen sind beliebig und in identischer Weise wiederholbar, und vor allem sind sie nicht von der Stimmung des messenden Individuums abhängig, also frei von subjektiven Einflüssen. Wer auch immer einen fest vorgegebenen, technischen Messvorgang durchführt, das Ergebnis ist immer objektiv, denn nicht er hat das Objekt gemessen, sondern ein technisches Gerät oder ein technischer Vorgang! Gemessen werden die Zeit, das Gewicht, die Anzahl, die Abmessungen, die Kosten etc. Eine klare Sache.

Das ergibt bereits eine erste Antwort auf: Wo findet Qualität statt? Wobei es in diesem Fall präziser heißen muss: Wo findet die objektive Qualität statt? Bei diesen Verfahren steckt die Qualität im Objekt (im Ding) und drückt sich durch Zahlen, Daten und Fakten aus, welche untrennbar mit dem Objekt verbunden sind (*das Auto ist rot und hat 4 Räder*). Es ist die klassische Anschauung von betrieblicher Qualität.

Zunächst wollen wir etwas genauer der Frage nachgehen, wie denn die konkreten, objektiven Methoden zur Bewertung der Qualität von Dingen (Produkte, Dienstleistungen) im Unternehmen aussehen. Die Anwendung und Weiterentwicklung dieser Methoden und der zugehörigen Verfahren liegt in der Verantwortung des betrieblichen Prozess- und Qualitätsmanagements.

Die nachfolgenden Beispiele, Aussagen und Schlussfolgerungen beruhen auf einer jahrzehntelangen Erfahrung in der Beratung, Einführung und Umsetzung von Prozess- und Qualitätsmanagementsystemen in verschiedenen Unternehmen.

Was passiert, wenn man in Unternehmen die Frage stellt: Was ist Qualität? Eine oft gehörte saloppe Antwort ist: *Qualität ist, wenn der Kunde wieder kommt*. Allgemein gesprochen steht dieses Wiederkommen als Synonym für Zufriedenheit und damit für eine positive Entscheidung des Kunden (natürlich ist auch das Gegenteil möglich). Der Kunde als Empfänger reagiert in aller Regel mit einer subjektiven(!) Aussage auf das gelieferte Objekt (*das Auto gefällt mir*). Dass diese subjektive Aussage des Kunden für uns als Hersteller oder Lieferanten wiederum ein objektives Qualitätskriterium darstellt - der Kunde hat immer recht - zeigt, dass wir es an der Schnittstelle zum Kunden mit einem Wechselspiel von Subjektivität und Objektivität zu tun haben. Jedenfalls hat es keinen Sinn, einem unzufriedenen Kunden zu sagen er beurteile die Sache falsch, oder ihm gar seine Subjektivität vorzuwerfen.

Allerdings ist die Aussage des Kunden nur ein Teil der Antwort auf die Frage, was denn für uns im Unternehmen Qualität ist. Denn wenn man nur die Kundenaussage hat, kennt man noch lange nicht die Qualität innerhalb der Entstehungsprozesse des Produktes selbst. Diese Prozesse genau zu kennen, wird aber spätestens dann überlebenswichtig, wenn der Kunde nicht zufrieden ist oder wenn die Herstellungskosten aus dem Ruder laufen. Denn, wie und wo sollen wir uns verbessern, wenn wir unsere Produktionsabläufe nicht kennen. Wenn wir ein gutes Produkt liefern wollen, müssen eben auch die einzelnen Schritte zu dessen Erzeugung gut sein. Gleichzeitig ist aber offensichtlich, dass wir im unternehmerischen Umfeld die Qualität der Prozesse und damit die der Ergebnisse nicht beliebig nach oben treiben können, weil wir das schlicht nicht finanzieren können bzw. der dann nötige Preis nicht realisierbar wäre (*außerdem wollen wir ja auch gar nicht, dass die Produkte ewig halten*). Wir müssen also das, was wir als Qualität verstehen, auf das betriebswirtschaftlich Sinnvolle und technisch Machbare begrenzen indem wir bewusst managen, was u.a. nichts anderes bedeutet als Kompromisse einzugehen, wenn wir die Kriterien (Kennzahlen) für die objektive Qualität festlegen.

Mit den im unternehmerischen Umfeld weithin bekannten und propagierten Methoden des Prozess- und Qualitätsmanagements, besonders auch mit den zugehörigen Normen (z.B. ISO 9000ff), sind wir angeblich in der Lage die Qualität unserer Prozesse und deren Ergebnisse (Produkte) zu steuern. Angeblich? Ich streue hier erste Zweifel, weil in diesem Umfeld nur von Prozessen, Kennzahlen und Produkten die Rede ist, nicht aber von den Menschen, die diese Prozesse steuern.

Die zentralen Begriffe und Maßnahmen dieses *sogenannten* Qualitätsmanagements heißen: klare Abläufe, Regeln und Anweisungen, kontinuierliche Verbesserung, Fehler-, Risiko-, Zeit- und Kostenminimierung etc. oder, alles zusammengefasst *Prozessma-nagement*. Zur konkreten Steuerung definieren wir Kennzahlen, also Vorgaben, die zu erreichen sind, wie etwa Durchlaufzeit, Materialverbrauch, Fehlerquote, Maßgenauigkeit, Prozess- und Stückkosten, Stückzahl pro Zeiteinheit und anderes mehr.

Im Unternehmen gehen wir immer davon aus, dass z.B. das Erreichen der geforderten Maßgenauigkeit, der geplanten Kosten oder der notwendigen Stückzahl ein Maß für die objektive betriebliche Qualität der Dinge ist. Das ist zwar richtig aber eben nur eine von vier Dimensionen der Qualität. Es wird so getan, als hätte Freude an der Arbeit nichts mit den Ergebnissen zu tun. Dabei zeigt sich Freude nicht nur in z.B. Stolz auf das Produkt (subjektive Qualität der Dinge), sondern auch in dem unverzichtbaren Wohlfühlen in der eigenen Arbeitsumgebung (subjektive Handlungs- und Beziehungsqualität).

## 3.2   Vom Glauben an die Prozesse

Wir haben nicht nur im Privaten, sondern auch im Unternehmen unsere subjektiven Bewertungen immer *mit uns dabei*. Wir freuen (ärgern) uns nicht nur über Dinge sondern auch über Beziehungen zu und Handlungen von Menschen. Das Funktionieren von Arbeitsabläufen, Verfahren und Prozessen und damit die Qualität der Produkte, hängt weit mehr von diesen subjektiven Qualitäten ab, als man sich im betrieblichen Umfeld gemeinhin einzugestehen bereit ist.

## Ein persönlicher Rückblick

Meine zunehmende, zunächst aber nicht greifbare Unzufriedenheit an der betrieblich gängigen Auffassung von Qualität bzw. Qualitätsmanagement entstand im Laufe der Zeit bei der Umsetzung der *üblichen* Maßnahmen in unterschiedlichen Unternehmen. Diese Unzufriedenheit war für mich der Anlass, die gemachten Erfahrungen nicht nur zu dokumentieren, sondern einen größeren Zusammenhang herzustellen. Ausgehend von dem uralten Begriff des ganzheitlichen Managementsystems, plädiere ich in [Huber, 2016] dafür, Qualität als Phänomen dieses Systems zu verstehen (*ein Qualitätsproblem ist kein Qualitätsproblem, sondern ein Systemproblem*) und Qualitätsmanagement nicht als eigenständige und unabhängige Managementdisziplin zu betrachten. Auch wenn in [Huber, 2016] die rein technischen und formalen Aspekte des Qualitätsmanagements noch überwiegen, so wird in den Kapiteln wie etwa *Verantwortung und Kommunikation* deutlich gemacht, dass es nicht nur um die *hard facts* gehen kann.

Die Problemstellung sieht in etwa so aus: Technisch und formal betrachtet ist beim Prozess- und Qualitätsmanagement immer alles recht klar und eindeutig. Aber die Frage, ob denn die Beziehungen zwischen den Kollegen zu den Bedingungen gehören, unter denen Qualität entsteht, wird in der Regel nicht gestellt. Ausnahmen mögen diese Regel bestätigen, sicher ist aber, dass der besondere, manchmal ausschließliche

Fokus auf den Kennzahlen und deren Erreichung liegt. Insbesondere unterstellt man, dass nicht nur die Technik, sondern auch die betroffenen Mitarbeiter einfach so funktionieren wie der Prozessablauf, die Rollenbeschreibungen und Arbeitsanweisungen es vorsehen.

Wann immer der Mensch und die sogenannten weichen Faktoren auch nur ansatzweise im Raum stehen, wird eine echte Diskussion darüber lieber vermieden. Die Frage wie z.B. Teamfähigkeit, Verantwortung, Kommunikation, Feedback (Beziehungsqualität, Handlungsqualität) etc. erzeugt bzw. gefördert werden, ist immer schwer zu beantworten. Leider gibt es hierfür kein Patentrezept.

Wenn immer nur Techniker die Prozesse, Kriterien und Kennzahlen definieren, besteht die Gefahr, dass die notwendige soziale Kompetenz in den Prozessen zu wenig berücksichtigt wird. Nicht dass die Techniker selbst keine soziale Kompetenz hätten, das ist nicht gemeint. Aber es mangelt in der Regel an der Fähigkeit, Prozesse auch als soziale Gebilde, als menschliche Beziehungsgeflechte zu verstehen, und das Soziale darin zu fördern. Und so wundert man sich dann, dass die Prozesse nach kurzer Zeit nicht mehr richtig funktionieren oder sich schlicht in Luft aufgelöst haben. Letzteres mag bei Dienstleistungsprozessen wahrscheinlicher sein als bei weitgehend automatisierten Produktionsprozessen, aber die grundsätzliche Gefahr ist latent in allen Prozessen vorhanden.

## Eine wahre Begebenheit: Ein Prozess verschwindet

Ich hatte als externer Berater den Auftrag bei einem Unternehmen eine Gruppe von Mitarbeitern zu unterstützen, einen Prozess der kontinuierlichen Verbesserung (KVP) einzuführen. Ich habe mit der Gruppe in mehreren kurzen Workshops die Grundsätze des KVP erarbeitet und einen passgenauen Prozess für ihre Bedürfnisse entwickelt. Die Teammitglieder waren nicht nur fähig diesen Prozess zu betreiben, sondern auch hochmotiviert und überzeugt, dass das ein gute Sache ist. Mein Auftrag war erfüllt. Drei Monate später gab es den Prozess nicht mehr und keiner der Vorgesetzten hat es je gemerkt. Hatte ich meinen Auftrag doch nicht erfüllt? Für die tiefere Ursachenanalyse hatte ich leider keine Gelegenheit, aber aus Kenntnis der Umstände gibt es mindestens einen Grund für das Scheitern: Das Management hat sich nicht mehr um diesen Prozess gekümmert, und selbst auf die KVP-Berichte des Teams nicht reagiert. Da vergeht selbst den motiviertesten Kollegen die Lust.

Wenn man von diesem Negativ-Beispiel einmal absieht, ist für Unternehmen die oben beschriebene Methodik, nämlich Qualität über Prozesse zu steuern und mittels Kennzahlen zu definieren  der übliche Umgang mit Qualität. Üblich bedeutet zum einen, dass es sich um bekannte und bewährte Methoden und Verfahren handelt. Zum anderen ist man sich aber nicht wirklich im Klaren darüber, dass es sich nur um den einfacheren Teil der Qualitätsarbeit handelt. Prozesse zu entwickeln und einzuführen mag zwar gelegentlich arbeitsintensiv sein, ist aber letztlich relativ einfach, wenn man hierfür die üblichen, standardisierten Methoden anwendet. Damit auch allen betroffenen Mitarbeiter klar ist, welche Rolle sie bei dem Ganzen spielen und wie die beschriebene Qualitätssteuerung funktioniert, erstellt man genaue Beschreibungen aller Arbeitsabläufe (Prozesse), der Regeln und Arbeitsanweisungen. Man objektiviert nicht nur die Abläufe, sondern vermeintlich auch die betroffenen Mitarbeiter.

Um etwas Ironie in diese ernste Diskussion zu bringen, stelle ich nun folgende Behauptung auf:

<u>Prozesse sind dazu da, dass man von ihnen abweichen kann!</u>

Zugegeben, mit diesem Spruch erschrecke ich gerne die Teilnehmer meiner Seminare und Workshops. Warum ist der Satz aber richtig? Wir werden ganz selten einen Prozess so vollständig beschreiben können, dass er alle Eventualitäten abdeckt. Abgesehen davon, dass das (besonders im Dienstleistungsbereich) kaum möglich ist, wäre der Aufwand gar nicht zu rechtfertigen und die Komplexität im Tagesgeschäft unerträglich. Dann passiert, was passieren muss: Irgendwann und an einer beliebigen Stelle im Prozess kommen wir in eine Situation, in der der nächste Prozessschritt nicht machbar oder nicht sinnvoll ist. Unabhängig davon, ob wir nun eigenständig oder durch Managementerlaubnis vom Prozess abweichen, wir weichen ab!

Wir nutzen eine normal nicht vorgesehene Ressource, holen eine Genehmigung ein, die wir normalweise nicht brauchen, treffen Absprachen, welche sonst nicht erforderlich sind usw. Am Ende liefern wir *hinten* ein perfektes Ergebnis ab. Denn wir alle wollen, dass der Kunde zufriedengestellt wird, bzw. der Kollege, der den Vorgang weiter bearbeiten muss, nicht in unnötige Schwierigkeiten gerät. Jetzt kommt es aber darauf an, wie wir auf diese Abweichung reagieren. Es gibt grundsätzlich zwei Möglichkeiten. Erstens: Kommt diese Abweichung sehr selten vor – vergessen wir das Ganze. Bei besonders kritischen Prozessen machen wir aber zumindest eine Aktennotiz. Zweitens: Kommt diese Abweichung öfter vor, dann stimmt etwas an unserem Prozess nicht! Also verbessern wir den Ablauf, die Hilfsmittel, die Schnittstellen, die Verantwortlichkeiten, was auch immer. Das ist übrigens der wichtigste Teil der kontinuierlichen Verbesserung und diese wiederum ist der eigentliche Kern und Motor des Prozessmanagements. Fehler und Abweichungen kommen immer vor. In einer Prozessorganisation entdecken wir das meist sehr schnell – in einer Chaosorganisation nie!

Worauf ich mit dieser Geschichte aber eigentlich hinaus will ist Folgendes: Wenn also mal etwas Ungeplantes passiert oder die vorhandene Regel nicht eindeutig ist, wird vom betroffenen Mitarbeiter erwartet, dass er motiviert und vor allem eigenständig handelt. Im privaten Umfeld wäre so ein Verhalten selbstverständlich und es passiert ja auch tagtäglich. Aber wieso sollte er das im Unternehmen tun? Wieso sagt er da nicht einfach: *Da passt was nicht ins Ablaufschema*, schreit um Hilfe und legt die Hände in den Schoß? Oder warum mogelt er sich nicht einfach durch? Der nächste, der mit der Sache zu tun hat, wird es schon nicht merken, und wenn, auch egal, Hauptsache er ist es los!

Wer so handelt oder denkt, missachtet Forderungen bzw. Erwartungen die permanent an ihn gerichtet sind, nicht nur von den Vorgesetzten, sondern insbesondere auch von den Kollegen und Kolleginnen. Wenn es nicht gerade konkrete Anweisungen sind, welche nicht befolgt werden, stehen diese Forderungen (manchmal sind es *nur* Wünsche) als ungeschriebene Gesetze im Raum, als *Arbeitsmoral*. Obwohl die meisten Menschen ein Gespür für diese ungeschriebenen Regeln haben, werden sie vielfach missachtet, weil andere das auch tun, weil sich eigentlich sowieso keiner darum kümmert, aus Lustlosigkeit oder um den Chef zu ärgern, sich an Kollegen zu rächen oder einfach nur weil gleich Feierabend ist. Dieses Verhalten mag weitgehend unbemerkt bleiben, der wirtschaftliche Schaden daraus schwer oder gar nicht zu errechnen sein, aber was ist mit dem *menschlichen* Schaden? Was macht das mit dem der diesen Schaden absichtlich verursacht, was mit dem der ihn erleidet?

Der Schaden liegt in der Qualität der Beziehungen und Handlungen, der Mensch ist Verursacher und Leidtragender zugleich.

Jeder der in einem Unternehmen Prozesse einrichtet oder als Prozessmanager betreibt weiß im Grunde, dass seine Verfahren nur dann optimal funktionieren, wenn die Beziehungen der Kolleginnen und Kollegen untereinander in Ordnung sind. Und jeder Vorgesetzte müsste ein Gespür für eine evtl. sinkende Arbeitsmoral und deren Gründe entwickeln. Wenn diese Gründe aber ignoriert werden, fängt es früher oder später an zu kriseln und keiner weiß so recht warum.

Nun gibt es grundsätzlich eine Standardlösung für Probleme im betrieblichen Prozessmanagement: *Alles was nicht funktioniert landet im eigens dafür eingerichteten, kontinuierlichen Verbesserungsprozess (KVP) und dort wird das Problem analysiert und beseitigt.* Gute Idee, funktioniert aber nicht unbedingt. Wieso soll ich ein Problem an den KVP melden, wenn ich es gerade weitergeschoben bzw. vertuscht habe? Wieso soll ich ein Problem melden, wenn das nur auf mich zurückschlägt? Wieso soll ich ein Problem melden, das außer mir sowieso keiner merkt und mir egal ist? Wie muss ein Mensch *gestrickt* sein, damit er <u>nicht</u> so denkt?

Eine schnelle Antwort gibt es hier offensichtlich nicht und es ist nicht einmal sicher, ob diese dann am Ende rational und emotional überzeugend ausfällt.

# 4. Eine erste Zusammenfassung

Wie weit sind wir nun mit der Antwort auf die die Q-Frage: Was ist Qualität? Wo findet Qualität statt? Unter welchen Bedingungen entsteht Qualität?

Erstens: Wir haben festgestellt, dass Qualität im Sinne einer Eigenschaft wertfrei ist. Eine bewertete Qualität ergibt sich erst aus dem Vergleich einer Eigenschaft mit einer Zielvorgabe.

Zweitens: Aus der Feststellung, dass es objektive und subjektive Bewertungen gibt, haben wir vier Dimensionen von Qualität entwickelt:

(1) Die objektive Qualität der Dinge

(2) Die subjektive Qualität der Dinge

(3) Die subjektive Qualität von Beziehungen (Beziehungsqualität)

(4) Die subjektive Qualität der Handlungen (Handlungsqualität)

Desweiteren haben wir noch eine dynamische Komponente definiert:

(5) Qualitätsdynamik, Verbesserung der Ergebnisse (Effektivität) bzw. der Methoden (Effizienz) und Qualitätskompromiss.

Drittens: Wir haben spezielle Eigenschaften der Qualität erkannt:

(1) Der Ort der objektiven Qualität ist in den Dingen (*in* oder *an* den Objekten)

(2) Der Ort der subjektiven Qualität ist in uns (in den Subjekten)

(3) Die subjektive Qualität ist ein Ereignis (Vergänglichkeit der Empfindungen)

(4) Die objektive Qualität ist ein Ereignis (Vergänglichkeit des Gebrauchswertes)

Zur Ehrenrettung des Prozessmanagements sei gesagt, dass die ihm zugrunde liegenden Methoden tatsächlich vernünftig und nützlich sind. Ein prozessorientiertes Unternehmen kann sehr effizient sein, wenn das Formale und das Soziale in Einklang stehen. Solange aber Letzteres vernachlässigt wird, ist das aber nicht sicher. Es ist sogar zu unsicher, als dass wir uns damit zufrieden geben könnten.

Damit leiten wir zum letzten und wichtigsten Teil der Q-Frage über und fragen nach den Bedingungen für die Entstehung von Qualität.

# 5. Bedingungen für die Qualität im Unternehmen

## 5.1  Bedingungen für die objektive Qualität der Dinge

Wie im vorangehenden Kapitel bereits deutlich gemacht: Die Methoden, die objektive Qualität unserer Produkte und Dienstleistungen zu definieren, werden im betrieblichen Umfeld durch Verfahren des Prozess- und Qualitätsmanagements festgelegt. Diese rein technisch-formalen Maßnahmen sind Gegenstand vielfältiger Literatur (z.B. [Huber, 2016]) und sollen hier nur kurz und der Vollständigkeit halber und anhand typischer Elemente des Prozessmanagements erläutert werden: Prozessstammblatt, Prozessgrafik und Rollenbeschreibung.

**Das Prozessstammblatt**

Das Prozessstammblatt ist das *erste Stück Papier* das man typischerweise erarbeitet, wenn man mit dem Prozessdesign beginnt. Die Aufgabe besteht darin, die wichtigsten Elemente eines Prozesses stichpunktartig zu beschreiben, diese sind:

Prozessziele

Wenn man beginnt einen neuen Prozess zu definieren (oder einen bestehenden zu überprüfen), wird die erste Frage die nach Sinn und Zweck des Prozesses sein. Prozessziele werden mit wenigen, kurzen und allgemein verständlichen Sätzen beschrieben. Alle Interessengruppen sollen verstehen, was der Prozess tut, für wen und warum.

## Prozessmanager

Der Prozessmanager hat die operative Gesamtverantwortung für seinen Prozess. Er leitet die Mitarbeiter des Prozesses an und ist ihre erste Anlaufstelle für Fragen und Probleme. Er vertritt den Prozess nach außen und ist für die Qualität der Ergebnisse verantwortlich. Die detaillierte Aufgabenbeschreibung wird in einer konkreten Rollenbeschreibung dargestellt.

## Kunden, Auslöser, Input

Die Praxis zeigt, dass manchmal Kunden im Laufe der Zeit verloren gehen ohne dass es bemerkt wird! Gefährdet sind hier speziell interne Prozesse, welche ihr Ergebnis an einen vereinbarten Ort ablegen und nicht prüfen, ob das vom Kunden auch abgeholt wird. Wenn der Kunde sich dafür aber nicht mehr interessiert und das auch nicht kommuniziert, läuft der Prozess ins Leere!

Natürlich sind die Prozesskunden meistens bekannt. Andernfalls nutzen wir die Fragestellung, die sich aus dem Prozessstammblatt ergibt und grundsätzlich für jeden Prozess gilt: Wer oder was kann und darf den Prozess zu seiner definierten Tätigkeit veranlassen?

## Erster Prozessschritt (Input) und letzter Prozessschritt (Output)

Es ist ausgesprochen hilfreich diese beiden Schritte für jeden sichtbar zu machen. Damit werden viele Konflikte, falsche Erwartungen und andere Schnittstellenprobleme von vornherein vermieden.

## Unterstützende Prozesse, Schnittstellen

Hier wird klargestellt, dass der Prozess nur funktioniert, wenn er die hier vereinbarte Unterstützung bekommt.

## Beteiligte Prozessrollen

Die Rolle des Prozessmanagers wurde schon erwähnt. Hier geht es darum alle weiteren Rollen (nicht die konkreten Mitarbeiter) zu benennen, die im Prozess Verantwortung tragen. Wie eine Rollenbeschreibung generell aussehen kann, wird weiter unten gezeigt.

## Werkzeuge, Methoden

Ähnlich wie bei den unterstützenden Prozessen müssen auch die erforderlichen Werkzeuge und Methoden des Prozesses festgelegt werden.

## Vorschriften und zugrundeliegende Dokumente

Für alle Prozessbeteiligten muss klar sein, welche Regeln sie beachten müssen und welche Dokumente verbindlich sind. So kann es z.B. erforderlich sein, für komplexere Prozessschritte eigene Verfahrensanweisungen zu beachten.

## Kritische Erfolgsfaktoren, Kennzahlen

Kritische Erfolgsfaktoren drücken in Worten aus, was besonders entscheidend für den Prozesserfolg ist: Pünktliche Lieferanten, niedrige Fehlerrate, gute Ausbildung, Kenntnis der Notfallpläne, besondere Werkzeuge und Hilfsmittel etc.

Konkrete Kennzahlen hingegen sind messbare Werte die die objektive Qualität des Prozesses und der Ergebnisse vorgeben (Effektivität und Effizienz).

**Die Prozessgrafik (Beispiel)**

In der Regel kann man eine grafische Darstellung von Abläufen und Prozessen besser und schneller verstehen als eine textliche Aufbereitung. Nachteilig könnte sein, dass man nicht jedes Detail in eine Grafik packen kann, aber für das grundsätzliche Verständnis ist sie unverzichtbar. Das folgende, stark vereinfachte Beispiel soll einen prinzipiellen Eindruck vermitteln (Abb. 1):

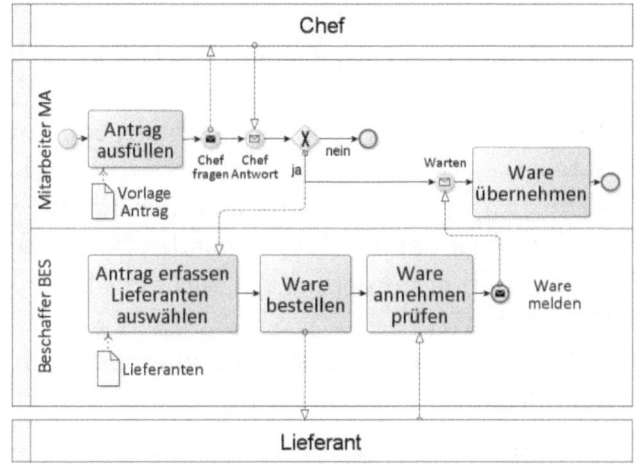

Abb. 1    Prozessgrafik Beschaffungsprozess (Beispiel)

Die verwendeten Symbole entsprechen der BPMN-Standard (Business Process Model and Notation).

Als drittes und letztes Element wollen wir uns noch eine Rollenbeschreibung ansehen.

**Prozessrolle (Beispiel)**

Passend zur obigen Grafik definieren wir die Rollenbeschreibung für den Beschaffer (BES) wie folgt:

Kurzbeschreibung der Rolle

Der Beschaffer verantwortet die Bereitstellung der Arbeitsmittel und Dienstleistungen, die zur Durchführung der Geschäftstätigkeit notwendig sind.

<u>Aufgaben</u>

- Annahme von freigegebenen Beschaffungsanträgen
- Auswahl von Lieferanten und Einholung von Angeboten
- Bestellung der Arbeitsmittel und Dienstleistungen inkl. vertraglicher Regelungen mit den Lieferanten
- Nachbesserungsforderung bei Nichtannahme von Lieferungen
- Information an das Finanzmanagement zur Rechnungsfreigabe

<u>Kompetenzen und Entscheidungsbefugnisse</u>

- Der Beschaffer kann unvollständige Anträge zurückweisen
- Er kann Waren und Dienstleistungen gemäß Standard bestellen
- Er fordert das Finanzmanagement zur finanziellen Überprüfung auf
- Angebotsverhandlungen und nichtstandardisierte Vorgänge stimmt er mit seinem Prozessmanager ab

<u>Verantwortung</u>

- Kommunikation mit dem Antragsteller
- Erreichung der Prozessziele auf Basis der Prozesskennzahlen und -zielvorgaben
- Aktive Mitwirkung bei der kontinuierlichen Verbesserung des Prozesses
- Berichterstattung an den Prozessmanager

## Notwendiges Wissen und Können

Verständnis für die Bedeutung des Prozesses im Gesamtgefüge aller Prozesse der Firma; unternehmerisches Denken und Handeln.

Soweit das Formale. Allerdings stellen dies nur einen allerersten Schritt zur objektiven Qualität der Dinge dar. Denn sobald Menschen innerhalb von Prozessen Verantwortung haben, sind die Ergebnisse (die Dinge), auch von der Effizienz der Abläufe und damit insbesondere von der guten Zusammenarbeit abhängig. Es ist ein großer Unterschied, ob die Kollegen und Kolleginnen gut und gerne zusammenarbeiten, ob sie Freude an ihrer Arbeit haben, oder ob sie dies nur widerwillig tun.

Es gibt zwei große Faktoren, welche über die Zufriedenheit der Mitarbeiter mitentscheiden. Den einen Faktor nenne ich das *Makroklima*, den anderen das *Mikroklima*. Das Makroklima, welches viel mit der Identifikation der Mitarbeiter mit dem Unternehmen zu tun hat, liegt im Wesentlichen in der Verantwortung des Führungspersonals. Das Mikroklima bezieht sich auf die grundsätzliche Einstellung der Mitarbeiter zur Arbeit, speziell zur Arbeit im Team – hier tragen die Mitarbeiter selbst entscheidend an der Verantwortung mit.

Nachfolgend wollen wir die Bedingungen für Zufriedenheit und Freude an der Arbeit genauer untersuchen.

## 5.2 Bedingungen für die Qualität von Beziehungen und Handlungen

**Die Bedeutung des Leitbildes**

Welches sind die Voraussetzungen für ein gutes Makroklima? Was brauche ich als Mitarbeiter, um mich im Unternehmen wohl zu fühlen? Hierzu gibt es naturgemäß viele Antworten und sicher auch viele gute Lösungen. Zu den unumstößlichen Grundprinzipien gehören Transparenz und Kommunikation. Ich muss und will beispielsweise wissen, welche generellen Ziele mein Unternehmen verfolgt (Strategie), wie mein Arbeitsplatz in Zukunft aussehen wird und wie sich die Anforderungen an mich ändern werden. Ich will als informationsberechtigte Person wahrgenommen werden und den übergeordnete Sinn, die Vision und die Strategie *meines* Unternehmens verstehen.

Die Frage nach der Transparenz kann man auch anders stellen: Wie sieht denn eigentlich die Führungssystematik (das Managementsystem) *meiner* Firma aus? Dieser Frage bin ich in [Huber, 2016] intensiv nachgegangen und habe dort als Diskussionsgrundlage ein sehr einfaches Modell vorgeschlagen, welches als Ausgangspunkt für die Entwicklung oder die Überprüfung eines Managementsystems verstanden werden soll (Abb. 2):

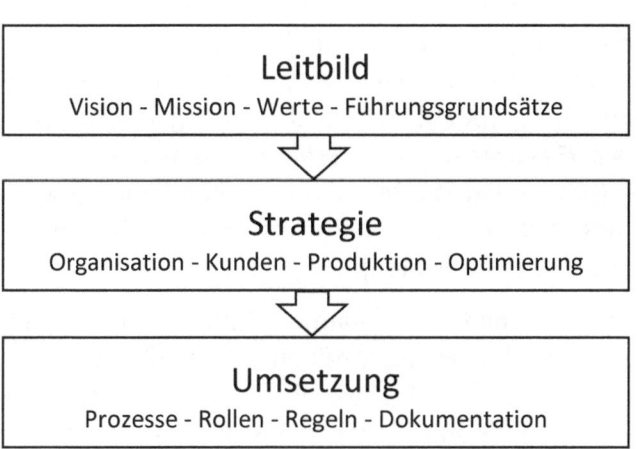

Abb. 2  Managementsystem – Referenzmodell

Die zentrale Bedeutung eines Leitbildes wird leider oft unterschätzt und - falls eines existiert - in der Organisation schlecht kommuniziert und damit nicht *gelebt*. Wüssten wir nicht gerne, warum wir in einer Organisation arbeiten, für welche Ziele wir uns engagieren, welche Werte für uns wichtig sind? Jeder für sich weiß das natürlich. Aber haben wir eigentlich gemeinsame Werte? Damit wird das Leitbild zum zentralen Faktor für das Makroklima. Nun gibt es außer den nachfolgend dargelegten Eckpunkten kaum konkrete Hinweise wie ein Leitbild formuliert werden könnte. Man kann sich natürlich von Leitbildern vergleichbarer Organisationen inspirieren lassen, um aber ein Leitbild glaubhaft vertreten und vorleben zu können, muss es schon ein ganz eigenes sein!

Als Leitbild einer Organisation wird gemeinhin die Formulierung von (1) Vision, (2) Mission bzw. Organisationszweck, (3) Werten und (4) die Vereinbarung von Führungsgrundsätzen verstanden. In diesem Zusammenhang spricht man auch von Organisationskultur als *Gesamtheit von Verhaltensweisen, ethischen Grundsätzen und Werten*, die von allen Führungskräften und Mitarbeitern praktiziert und mit Nachdruck vertreten werden (sollen).

Da ein Leitbild das Fundament für Zukunftsorientierung und Verhalten beschreiben soll, ist die Formulierung sicher kein einfaches, aber ein sehr lohnendes Unterfangen. Es soll für Jahre Bestand haben und benötigt deshalb Zeit für die Entwicklung und vor allem Ausdauer in der Vermittlung. Die Initiative hierzu muss zweifellos vom obersten Management ausgehen. Dieses wird das Leitbild idealerweise zusammen mit dem Führungsteam und engagierten Mitarbeitern entwickeln. Nur die gemeinsame Arbeit am Leitbild stellt sicher, dass es mit den Wertvorstellungen der Beteiligten übereinstimmt und sich damit leichter in das tägliche Handeln übertragen lässt.

**Vision**

*Eine Vision ist eine in die Zukunft gerichtete Vorstellung der Organisation zu ihrer Entwicklung und Aussagen zu ihrem Selbstverständnis, wie sie ihre Position im Wettbewerb und in der Gesellschaft sieht* [DGQ, 2005].

Fragen zur Entwicklung einer Vision

Eine Grundvoraussetzung für die Formulierung einer Vision ist eine hohe Identifikation mit der Organisation und eine klare Vorstellung über die Konsequenzen in Bezug auf ihre Umsetzung. Eine Vision muss Aufforderungscharakter haben und zur Definition und Umsetzung entsprechender Ziele und Verhaltensweisen motivieren. Zu Beginn der Visionsentwicklung hilft es, einen Fragenkatalog zur ersten Orientierung zu erstellen. Diese Fragen könnten beispielsweise so lauten (angelehnt an [Ellebracht, 2002]):

(1) warum gibt es uns?

(2) wie wollen wir gesehen werden?

(3) welches Bild haben wir von uns, wie soll es in Zukunft aussehen?

(4) worauf sind wir stolz?

(5) womit können wir uns identifizieren?

(6) was macht uns einzigartig?

(7) welche Herausforderungen wollen wir annehmen?

(8) wie formulieren wir unsere Verantwortung gegenüber Kunden, Mitarbeitern und Umwelt?

(9) welchen Mehrwert wollen wir unseren Kunden zur Verfügung stellen?

Die Antworten auf die letzte Frage bilden die direkte Überleitung zur Formulierung der Mission.

<u>Mögliche Fehler</u>

Bei der Formulierung der Vision werden leider viele handwerkliche Fehler gemacht. Man ist es fast schon gewohnt, dass Visionen als hochtrabende und gleichzeitig leere Worthülsen in die Welt posaunt werden. Die Entwicklung und Umsetzung einer Vision muss als eine außerordentlich ernsthafte Angelegenheit betrachtet werden. Es spricht natürlich grundsätzlich nichts gegen eine Veröffentlichung der Vision (oder des gesamten Leitbildes). Das sollte man aber erst dann tun, wenn man sicher ist, dass sie von den Mitarbeitern verstanden und auch vertreten wird. Letzteres ist die eigentliche Herausforderung. Visionen, die im stillen Kämmerlein ausgedacht und ohne jeden Rückhalt in der Mitarbeiterschaft veröffentlicht werden, verfehlen ihre Wirkung. Es ist die Pflicht aller Führungsebenen die Vision bis in den letzten Winkel ihrer Organisation zu tragen. Das ist sicher nicht einfach, aber eine der Managementpflichten schlechthin.

Ein anderer handwerklicher Fehler ist es, Vision mit Strategie zu verwechseln: *Wir wollen in 5 Jahren Marktführer in Europa werden* mag ein strategisches Ziel sein, ist aber keine visionäre Aussage.

**Mission (Auftrag, Organisationszweck)**

Mit der Aussage zur Mission der Organisation werden die wichtigsten Tätigkeitsfelder, Marktsegmente und Kundengruppen beschrieben, sowie die Produkte und Dienstleistungen, mit denen man in diesem Umfeld agieren will. Da die Mission längerfristig gelten soll, werden die Produkte bzw. Dienstleistungen nur sehr allgemein dargestellt. Hier findet insbesondere das Thema Kundenorientierung seinen Platz. Es gibt natürlich auch eine Mission in Bezug auf den Umgang mit den eigenen Ressourcen, die eigene Wirtschaftlichkeit, die kontinuierliche Verbesserung und anderes mehr.

## Werte

Bei der Formulierung der Werte geht es um Verhaltensprinzipien sowohl innerhalb der Organisation (Handlungs- und Beziehungsqualität: Führungsstil, Kommunikation, Verantwortung, Rollenverständnis) als auch gegenüber den Kunden (Qualität der Produkte und Dienstleistungen, Vertrauen, Partnerschaft) und anderen Interessenten (Lieferanten, Behörden, Umwelt). Wenn man die Mission als *Herz* der Organisation bezeichnet, dann sind die Werte ihre *Seele*. Wie bei der Vision sollte man bei der Formulierung der Werte auf konkrete Marketingaussagen verzichten. Und auch hier ist es eine besondere Herausforderung, die Werte im alltäglichen Umgang miteinander umzusetzen.

Eine gute Möglichkeit eine Wertediskussion zu beginnen, ist die Entwicklung von Führungsgrundsätzen. Werden deren Ergebnisse auch schriftlich festgehalten, veröffentlicht und vom Führungsteam offensiv vertreten, können sie die Grundlegung für die Errichtung eines moralischen Raumes sein, in dem eine hohe Handlungs- und Beziehungsqualität entsteht.

## Führungsgrundsätze

Zu Ostern 2015 erschien in der Süddeutschen Zeitung ein Artikel mit der Überschrift: *Ohne Maske. Au-*

*thentische Führung ist der Gegenentwurf zu Personen-kult, Statusdenken und Eitelkeit – und das Ergebnis ständiger Rückkopplung mit den Mitarbeitern* [SZ, 2015]. Es ist ein lesenswerter Artikel, auch wenn es besser gewesen wäre an Stelle von *authentisch* den Begriff *glaubwürdig* zu verwenden. Glaubwürdig ist der Führende, wenn er sich u.a. in sein Gegenüber einfühlen kann (Empathie) und so ein hoher Grad an gegenseitigem Vertrauen entsteht. Dass es dazu der *ständigen Rückkopplung mit den Mitarbeitern* bedarf, ist aber die eigentlich wichtige Kernaussage des Artikels.

Des Weiteren wird in dem Artikel viel von *Vorbild-funktion* gesprochen, von *die Aufgabe in den Mittel-punkt stellen* und nicht die Person und schließlich heißt es: *Authentisch* [sprich: glaubwürdig] *ist eine Führungskraft dann, wenn sie die Werte eines Unter-nehmens teilt und sichtbar lebt.*

Letzteres ist leider eine ziemlich hohle Phrase, denn: *Das Unternehmen* hat keine Werte! Werte haben die Menschen im Unternehmen. Diese können sie vorleben und teilen. Kritisch zu sehen ist auch die all-gemein oft gehörte Aussage, dass die Aufgabe im Mit-telpunkt steht und nicht die Person. Diese Aussage widerspricht meinem Verständnis darüber, unter wel-chen Bedingungen Aufgaben erledigt bzw. Probleme gelöst werden. Ein kategorischer Fokus auf *die Aufga-be* bedeutet meist, dass sich das Erledigen der Aufga-be im Erreichen vorgegebener Kennzahlen erschöpft (objektive Qualität) und die notwendige Qualität von Handlungen und Beziehungen nicht beachtet wird. In Kapitel 3 habe ich meine Sicht hierzu bereits ausführlich dargestellt: Die Personen und die subjektiv empfundene Qualität ihrer Handlungen und Beziehungen müssen im Mittelpunkt stehen, damit die Aufgaben in der geforderten objektiven Qualität erledigt werden können!

Woher kommen nun die Werte, die geteilt, sichtbar gemacht und vorgelebt werden sollen? Unterstellen wir, dass mit den Werten des Unternehmens die Werte der darin agierenden Menschen gemeint sind. Dann muss also *jemand* mit dem Formulieren der Werte beginnen, sie diskutieren und abstimmen. Hier sind die Führungskräfte gefordert!

Wenn sich die Führungskräfte daran machen die Werte zu formulieren, kann es leicht zum Widerspruch mit der gelebten Realität kommen. Es stellt sich nämlich die Frage, ob man die gelebte Wirklichkeit wiedergeben soll (ist das überhaupt möglich?) oder eher eine positive Wunschvorstellung. Unabhängig davon werden die Mitarbeiter immer Widersprüche zwischen den postulierten Werten und der Wirklichkeit finden, insbesondere wenn es um das Verhalten von Führungskräften geht. Wer also Werte formuliert beweist auf alle Fälle Mut, weil er den Betroffenen einen Spiegel in die Hand gibt, in den sie nicht nur selber schauen, sondern den sie auch anderen vorhalten können.

Werte sind ein moralisches Zielsystem und, wie alle Ziele, mit Risiken behaftet.

## Aus der Praxis: Werte und Führungsgrundsätze

Ein konkreter Fall aus meiner Praxis: Ein mittelständisches Unternehmen hat die Wertediskussion mit der Abstimmung der Führungsgrundsätze begonnen. Die Idee war:

*Wenn wir Führungskräfte unsere gemeinsamen Führungsideale formulieren, werden sich daraus die Werte für das gesamte Unternehmen entwickeln.*

Nach mehreren Diskussionsrunden wurden die Führungsgrundsätze wie folgt festgelegt:

*Wir Führungskräfte stehen in der Verantwortung die Organisation als solche zu erhalten und weiter zu entwickeln. Zur Umsetzung der Leitlinien sorgen wir für effiziente Abläufe und für klare, messbare Ziele für das Unternehmen, für alle Geschäftsbereiche und für jeden einzelnen Mitarbeiter. Als Vorbilder sind wir in unserem Verhalten offen, aufrichtig, klar und verlässlich, und unterstützen so eine vertrauensvolle Zusammenarbeit auf allen Ebenen des Unternehmens und mit Kunden und Partnern. Unsere Verantwortung fassen wir wie folgt zusammen:*

- *Nachhaltige Weiterentwicklung des Unternehmens, des Managementsystems und der Mitarbeiter.*
- *Jährliche Bewertung der Leistungsfähigkeit und Zielerreichung der gesamten Organisation und Festlegung der entsprechenden Maßnahmen. Dies ge-*

schieht auf Basis von Audits, Kunden- und Mitarbei-
terbefragungen, Reports aus den operativen Prozessen und Ergebnissen von Optimierungsmaßnahmen.

- Jährliche Festlegung der Qualitätsziele für das Folge-
jahr; diese Ziele umfassen folgende Bereiche: Um-
satz und Gewinn, Personalwachstum, Kunden- und
Mitarbeiterzufriedenheit, kennzahlenbasierte Prozessziele
- Umsetzung der Regelungen zur Delegation von Aufgaben auf Basis von Stellen- und Rollenbeschreibungen
- Bereitstellung der notwendigen personellen Ressourcen inkl. Kompetenzermittlung, Schulung und
Weiterentwicklung der Mitarbeiter
- Bereitstellung der notwendigen räumlichen und
technischen Ressourcen
- Durch eine regelmäßige und verlässliche Kommunikation stellen wir sicher, dass alle Mitarbeiter die unternehmerischen Ziele verstehen und unterstützen.
Insbesondere sorgen wir Führungskräfte dafür, dass
die Mitarbeiter die Bedeutung ihres Beitrags zu diesen Zielen und ihre Verantwortung erkennen. Die
Kommunikation wird offen, ehrlich, respektvoll und
wertschätzend stattfinden. Feedback an Mitarbeiter
wird sachlich, fair, faktenbezogen und „unter vier
Augen" gegeben. Alle Mitarbeiter werden ermutigt
Verbesserungsvorschläge, Kritik oder Probleme offen
zu äußern, um so an der Verbesserung ihrer persönlichen Situation, der Optimierung ihres Arbeitsum-
feldes und der Organisation als Ganzes mitzuwirken.

- *In regelmäßigen Gesprächen erhalten alle Mitarbeiter Rückmeldung zu ihren Leistungen, werden gemeinsam neue Ziele und Aufgaben festgelegt und Entwicklungsmöglichkeiten aufgezeigt, die ihren individuellen Stärken entsprechen. Die Beurteilung der Mitarbeiter erfolgt nach den von ihnen zugesagten und messbaren Ergebnissen, aber auch nach der Art wie sie diese Ergebnisse erreichen. Dies schließt effizientes Handeln, kommunikatives, teamorientiertes Verhalten und die Einhaltung von Regeln ausdrücklich mit ein.*

*Unser gesamtes Handeln als Führungskräfte richtet sich an diesen Grundsätzen aus.*

Fazit

Wenn es also ein Leitbild gibt, das auch offensiv kommuniziert und vertreten wird, dann sind die Voraussetzungen für Transparenz und Glaubwürdigkeit gegeben, und jeder Mitarbeiter hat die Möglichkeit, aber auch die Pflicht, sich damit auseinanderzusetzen.

Abbildung 2 zeigt neben dem Leitbild noch die Elemente *Strategie* und *Umsetzung*. Die Entwicklung von unternehmerischen Strategien soll hier nicht behandelt werden, ist aber ein wichtiger Bestandteil der Unternehmenskommunikation. Das Element *Umsetzung* wurde in Abschnitt 5.1 hinreichend besprochen (Prozessmanagement). Soweit zum Makroklima, welches, wie gesagt, in der Hauptverantwortung der Führungskräfte liegt.

Beim zweiten Faktor, dem Mikroklima geht es nun um die grundsätzliche Einstellung zur Arbeit, speziell zur Arbeit im Team.

## Arbeit im Team – Ich und die anderen

Alles was bisher zum Makroklima gesagt wurde, beeinflusst natürlich mein Verhältnis zur Arbeit, zum Arbeitgeber und zu den Vorgesetzten, ist also Teil meines subjektiven Qualitätsempfindens. Zu diesem Empfinden gehört insbesondere meine Freude über die Produkte, die durch mein Zutun entstehen. Zur Erinnerung: Die objektive Qualität *haftet* dem Produkt an, die subjektive Qualität (Freude) *steckt* in uns.

Wesentlich stärkeren Einfluss auf mein Wohlbefinden hat aber mein Verhältnis zu meinen unmittelbaren Kolleginnen und Kollegen. Wenn dieses als sehr gut empfunden wird, kann es im übrigen Unternehmen durchaus nicht so toll sein, und ich gehe trotzdem gerne zur Arbeit. Gute und starke Teams können durchaus Schwächen im Management überspielen. Solche Teams haben eine hohe Beziehungs- und Handlungsqualität. Da wir aber wissen, dass das nicht immer und überall der Fall ist, müssen wir uns fragen: Wie kommt es dazu, welches sind die Bedingungen für ein gutes Mikroklima (für eine hohe Beziehungs- und Handlungsqualität)?

Im Abschnitt 3.2 habe ich einem Mitarbeiter folgendes Verhalten unterstellt: *Bei Problemen mogele ich mich einfach durch; der nächste, der mit der Sache*

*zu tun hat, wird es schon nicht merken, und wenn,*
*auch egal, Hauptsache ich bin es los!* Oder: *Wieso soll*
*ich ein Problem melden, das außer mir sowieso keiner*
*merkt und mir egal ist?*

In diesem Zusammenhang ist zum ersten Mal der
Begriff der *Arbeitsmoral* gefallen. Damit sind wir zu
einem Punkt gekommen, ab dem wir uns intensiver
mit Moral bzw. moralischem Handeln auseinandersetzen müssen. Denn es ist schon eine sehr grundsätzliche Frage: *Warum soll ich mich im Team für eine gute*
*Zusammenarbeit einsetzen? Was habe ich davon, mich*
*einzuschränken, mich um andere zu kümmern, mich*
*nach Wünschen und Forderungen anderer auszurich-*
*ten?*

Wir können uns zwar vorstellen, dass wir für das
Funktionieren unserer Firma mit allen Kollegen zusammenarbeiten müssen, denn, rational betrachtet,
geht es letztlich auch um unseren Arbeitsplatz. Deshalb halten wir uns ja auch an alle (geschriebenen)
Regeln aus dem Arbeitsvertrag, der Stellenbeschrei-
bung, den Arbeitsanweisungen etc. Also: Warum soll
ich zusätzlich auch noch moralisch handeln? Was heißt
das eigentlich genau? Dieser Frage sind die folgenden
Abschnitte gewidmet.

# 6. Eine Frage der Moral

*Handeln zugunsten anderer* ist möglicherweise die kürzeste und einfachste Definition von Moral bzw. moralischem Handeln [Stemmer, 2000]. Ein etwas umfangreicherer Definitionsversuch ist: *Moral ist ein Komplex von Normen, Werten und Idealen, der jedem Individuum einen allgemeinen Leitfaden für die Gestaltung seines Lebens bereitstellt* [Bayertz, 2014]. Und schließlich meint Platon: *Wer glücklich sein will, und das will jeder, der muss sich vernünftigerweise zugunsten anderer verhalten.* Was Platon in einem Satz schafft, ist die Verbindung von Vernunft und Moral, von rationalem und moralischem Verhalten. Wie wir noch sehen werden, gibt es leider keinen zwingenden Zusammenhang zwischen Vernunft und Moral. Denn, wie auch immer Moral definiert wird, es bleibt die brennende Frage: *Was habe ich davon? Warum ist es für mich vernünftig moralisch, also zugunsten anderer, zu handeln?* Das ist auch die zentrale Frage im Zusammenhang mit unserer Untersuchung zur Qualität von Handlungen und Beziehungen.

Die folgenden Betrachtungen sollen dazu beitragen, dass wir es tatsächlich als vernünftig erachten, nicht nur im privaten Bereich, sondern auch im betrieblichen Umfeld moralisch zu handeln.

Mit der Untersuchung zur Qualität sind wir also nun an dem Punkt angelangt, wo es hauptsächlich um die

Bedingungen für die Entstehung von Handlungs- und Beziehungsqualität geht. Dass wir jetzt unseren Untersuchungsradius auf die Moral ausweiten, hat mit dem oben beschriebenen Verhalten von Teammitgliedern zu tun, denen wir fehlende *Arbeitsmoral* attestieren würden. Es hat auch zu tun mit den Erkenntnissen aus den Lehrer-Schüler-Beispielen (Abschn. 2.2), bei denen es im Wesentlichen um das Menschenbild der LehrerInnen geht. Letztlich geht es aber um den Traum von dem in Abschn. 2.2 erstmals eingeführten virtuellen Qualitätsraum, in dem wir, zusammen mit anderen, ein Gefühl von Freude und Zuneigung empfinden. **Freude** als Synonym für jede Form der eigenen, inneren Zufriedenheit, Begeisterung und Motivation. **Zuneigung** als Synonym für Verständnis, Nachsicht und Unterstützung, welche sich nach außen, also an andere richtet; Freude und Zuneigung als Quellen und Triebfedern moralischen Handelns.

Im betrieblichen Umfeld würde das bedeuten, dass wir die Methoden des Prozessmanagements nicht nur *rational regelkonform,* sondern auch *rational moralisch* umsetzen. Im privaten Umfeld entspricht dies dem Einhalten der Gesetze unseres Landes, verbunden mit einem allgemeinen moralischen Verhalten gegenüber unseren Mitmenschen. Wenn moralisches Handeln unserem Wesen, unserer Grundeinstellung (Disposition) entspräche, wenn es für uns also rational wäre, moralisch zu handeln, dann bräuchten wir das hier nicht zu diskutieren. Aber was veranlasst uns dazu? Woher soll diese Disposition kommen?

Moralisch zu handeln kann anstrengend sein, ist aber immer lohnend. Immer lohnend? Hier zweifelt der *moralische Skeptiker*. Dieser Skeptiker ist eine fiktive Figur der Moralphilosophie, gelegentlich auch *Amoralist* genannt, dem man zu beweisen versucht, dass moralisches Handeln rational, also auch zum eigenen Vorteil ist, und deshalb sinnvollerweise *gesollt* werden muss. Dieser Skeptiker wird bei jeder moralischen Regel, die man ihm vorträgt fragen, warum er das tun soll. Und man muss schon sehr gute Gründe haben, damit er die Regel akzeptiert. So gesehen wäre unser Mitarbeiter mit seiner Frage, wieso er sich um ein bestimmtes Problem kümmern soll, ein moralischer Skeptiker. Aber genau um das *Sollen* geht ist in der gesamten Moralphilosophie – seit Platon und Aristoteles.

Um Moral allgemein untersuchen und moralisches Verhalten verstehen zu können, gilt es unterschiedlichste Begründungen für moralisches Handeln heranzuziehen. Man bräuchte natürlich ein ganzes Philosophenleben um alle Moralen, welche seit Platon und Aristoteles entwickelt wurden, zu kennen. Ich möchte mich deshalb auf einige wenige konzentrieren, welche um die Zeit der Aufklärung entstanden sind (ab etwa 1700). Diese Einschränkung hat einen ganz besonderen Grund: Die am weitesten verbreiteten Moralen waren und sind die theonomen, also die religiösen, gottgegebenen Moralen. Bei ihnen gibt es eine höchste, gesetzgebende (z.B. die Zehn Gebote) und auch sanktionierende Instanz: Gott. Mit der Aufklärung und dem zunehmend rationalen Denken fällt diese metaphysische Instanz weg, und die Philosophen versuchen Moralen zu definieren, die ohne einen Gott auskommen. Natürlich gibt es immer noch viele gottgläubige Menschen, aber auch diese denken im privaten und im beruflichen Leben vermutlich vielfach rational. Also wäre eine rationale Begründung für moralisches Handeln die beste zeitgemäße Form.

Immanuel Kant (1724 – 1804), Arthur Schopenhauer (1788 – 1860) und Robert M. Pirsig (*1928), Peter Stemmer (*1954), Kurt Bayertz (*1948), Ralf Ludwig (*1944) sind die Philosophen, die ich für die weitere Diskussion ausgesucht habe. Pirsig spielt dabei eine Sonderrolle, denn er hat sich in ganz besonderer Weise und ganz explizit über Qualität und Moral geäußert und wichtige Impulse für diese Schrift geliefert. Kant und Schopenhauer sind besonders lehrreich, weil sie völlig gegensätzliche Auffassungen für die Begründung moralischen Handelns vertreten. Wir streifen noch die Glücksethik (Eudaimonismus) und Epikur (342 – 270 v.Chr.), weil wir alle glücklich sein wollen und nicht zuletzt finde ich die Ideen des moralischen Kontraktualismus für das betriebliche Umfeld besonders interessant.

## 6.1 Die Pflicht als Triebfeder moralischen Handelns (Immanuel Kant)

Wenn von Kant die Rede ist, geht es meist um seine wohl bekannteste Erkenntnis, dem *kategorischen Imperativ*. Kant selbst stellt sich im Wesentlichen drei Fragen als *Ausgangsort* für alle seiner Forschungen: *Was kann ich wissen? Wie soll ich handeln? Was darf ich hoffen?* Was uns hier natürlich besonders interessiert, sind seine Untersuchungen zur Frage nach dem richtigen Handeln. Kants Ergebnis hierzu ist ein *Sittengesetz* mit dem jede unserer Handlungen, im Privaten wie im Beruflichen, als moralisch gut oder schlecht bewertet werden kann.

Nachfolgend ein kurzer Abriss zur Kantischen Moral, und was wir für uns daraus ableiten können.

In [Ludwig, 1999] sagt Kant sinngemäß: *Mensch sein heißt handeln bzw. entscheiden zu müssen, nichtentscheiden ist nicht möglich. Aber welches Handeln ist richtig? Um diese Frage beantworten zu können, brauchen wir einen Ausgangsort, einen Standpunkt, von dem aus wir eine Begründung dafür ableiten, was richtig und was falsch ist.*

Das Ergebnis von Kants Überlegungen zum richtigen Handeln ist der besagte kategorische Imperativ. Das Besondere daran ist, dass Kant jegliche Erfahrung, jede Empfindung und jede religiöse Einstellung als Quelle und Begründung seiner Moral strikt ablehnt. War das menschliche Handeln bisher von einem Glauben an einen gesetzgebenden und sanktionierenden Gott geprägt, so gibt es bei Kant nur noch ein Handeln aus Pflicht. Nach Kant ist die Pflicht *die Notwendigkeit einer Handlung aus Achtung vor dem Gesetz.*

**Der kategorische Imperativ (1)**

*Handle nur nach derjenigen Maxime, durch die du zugleich wollen kannst, dass sie ein allgemeines Gesetz werde.*

Das ist die wohl bekannteste und meist zitierte Variante. Hervorzuheben ist, dass es hier ausschließlich um die Maxime geht, also um das *Prinzip des Willens* bei der Wahl einer Handlung. Ein solches Prinzip könnte sein*: Ich sage immer die Wahrheit* oder *ich achte immer auf meine Kollegen.* Durch ein solches Willensprinzip (Maxime) wird der Charakter einer Handlung festgelegt. Deshalb kann der moralische Wert einer Handlung nur in der Moralität der Maxime liegen, welche die Handlung bestimmt. Ein *guter* Wille folgt also einer *moralischen* Maxime d.h. er wählt eine Handlung, weil er ihren moralischen Charakter erkennt.

Der moralische Wert liegt also nicht in der konkreten Handlung selbst und insbesondere auch nicht in dem, was durch die Handlung erreicht werden soll. Durch die strenge Begrenzung auf die Maxime erhält die Kantische Moral eine universelle Gültigkeit.

Zur Begründung für das Sollen, also das unbedingte Handeln nach diesem Gesetz, referiert Kant wie folgt über den guten Willen und die Pflicht [Ludwig, 1999]:

## Der gute Wille

*Es gibt nichts in der Welt was ohne Einschränkung gut ist, außer der gute Wille. Jede Fähigkeit kann negativ wie positiv wirken. Ohne den guten Willen können etwa Verstand, Witz, Mut, Reichtum etc. auch negativ genutzt werden. Der gute Wille ist allein durch das Wollen gut, nicht durch das was er bewirkt, selbst dann, wenn er gar nicht umgesetzt werden kann. A) Ein guter Wille ist erst dann wirklich gut, wenn er allein durch die Pflicht (aus Pflicht) bestimmt wird. B) Das Wollen ist gut, wenn dahinter die Achtung für das Gesetz steht (= Sittengesetz, das in der Natur nicht vorkommt, welches das Gesetz einer Welt ist, die über unsere Welt der Erscheinungen hinausgeht).*

## Die Pflicht

Die Pflicht ist die praktisch-unbedingte Notwendigkeit zu handeln.

*Eine Handlung aus Pflicht hat ihren moralischen Wert nicht in der Absicht, was erreicht werden soll, sondern in der Maxime, nach der sie beschlossen wird, hängt also nicht von der Wirklichkeit des Gegenstandes der Handlung ab, sondern bloß von dem Prinzip des Willens/Wollens also der (moralisch wertvollen!) Maxime des Handelns. Pflicht soll die praktisch-unbedingte Notwendigkeit der Handlung sein; sie muss also für alle vernünftigen Menschen gelten, und allein darum auch für allen menschlichen Willen ein Gesetz sein.*

Jeder andere Antrieb zu handeln geschieht nach Kant letztlich aus Eigennutz und hat somit keinen sittlichen Wert. Obwohl die Pflicht bei Kant der entscheidende Handlungsantrieb ist, bleibt sie begrifflich leider unklar. Man weiß nicht wo diese Pflicht verortet ist und ob sie eine gesetzgebende Instanz darstellt. Eine sanktionierende Funktion kann dieser Pflicht aber nicht zugeschrieben werden. Die Kantische Pflicht ist ebenso wenig greifbar wie ein sanktionierender Gott es wäre. Dies hat Schopenhauer in seiner detaillierten Kritik der Kantischen Moral zur Feststellung veranlasst, Kant habe den über alles thronenden Gott der religiös fundierten Moral einfach durch *die Pflicht* ersetzt.

Eine Frage wird uns aber noch beschäftigen: Kann oder darf moralisches Handeln auch eigennützig sein? Für Kant ist das absolut unzulässig, was er auch durch die feine Unterscheidung zwischen Handeln aus Pflicht (moralisch wertvoll) und pflichtmäßigem Handeln (moralisch nicht wertvoll) deutlich macht. Pflichtmäßige Handlung geschieht letztlich aus Eigennutz: Ein Verkäufer übervorteilt den unerfahrenen Kunden nicht. Er ist zwar ehrlich, aber dies aus Eigennutz, nicht aus Pflicht. Diese Handlung hat somit keinen sittlichen Wert.

Zum Zweck der vorliegenden Untersuchung zur Qualität eignet sich diese erste Formel nicht. Sie erscheint für die Umsetzung in die tägliche Praxis nicht geeignet. Gerade auch, weil *Pflicht* irgendwie eine höhere Instanz suggeriert, welche wir in Fragen der

Moral nur schwerlich – bestenfalls bei religiöser Bindung – anerkennen können. *Besser* klingt da eine von Kants eigenen Varianten seines obersten Sittengesetzes.

## Der kategorische Imperativ (2)

*Handle so, dass du die Menschheit, wiewohl in deiner Person, als auch in der Person eines jeden anderen, jederzeit zugleich als Zweck, niemals bloß als Mittel brauchest.*

Das ist eine wirklich beachtenswerte Variante, weil sie sich sehr gut in unserem sozialen Umfeld anwenden lässt. Diese Regel würde, falls man sich nach ihr richtet, beispielsweise verhindern, dass man sich selbst (als Mittel) ausbeutet, nur um ein bestimmtes Ziel (Zweck) zu erreichen. Sie würde auch verhindern, dass man Kollegen und Mitarbeiter in diesem Sinne ausnutzt. Damit gäbe es auch keine Intrigen und andere Gehässigkeiten mehr, die ja nur einem eigenen, egoistischen Ziel dienen. Es gäbe kein Vertuschen von Fehlern, kein Abschieben unerledigter Aufgaben, kein *mir-doch-egal*-Verhalten, da all dies immer andere zum Zwecke des eigenen Vorteils oder der eigenen Bequemlichkeit ausnutzt, und ihnen zudem schaden kann. Was sich aber bei Einhaltung der Regel ergäbe sind Respekt, Zusammengehörigkeitsgefühl, Unterstützung, Nachsicht, gemeinsame Freude an erreichten Zielen, kurz: der Qualitätsraum! Nun soll hier nicht behauptet werden, dass dieser Zustand, wenn er einmal erreicht ist, stabil bleibt. Wir sind nicht immer nachsichtig, respektvoll, hilfsbereit, wir sind manchmal einfach nur *schlecht drauf* oder haben nicht den *vollen Durchblick* in einer Situation. Das ist nicht nur menschlich, sondern entspricht auch der Behauptung, dass Qualität ein Ereignis und kein dauerhafter Zustand ist. Entscheidend wäre, aus dieser Regel ein freiwilliges, selbstverständliches Sollen für uns abzuleiten. Aber warum sollten wir das tun? Warum sollten wir uns in unserer (Handlungs-)Freiheit einschränken? Wer zu moralischem Handeln disponiert ist, wird sich diese Fragen erst gar nicht stellen. Aber wie überzeugen wir all die anderen? Kant liefert hierfür keine Antwort.

Schließen wir die Betrachtungen zur Kantischen Moral mit einem Zitat aus seiner Kritik der Urteilskraft [Ludwig, 2008]:

*Wen aber die Schönheit der Natur unmittelbar interessiert, bei dem hat man Ursache, wenigstens eine Anlage zu guter moralischer Gesinnung zu vermuten.*

Daraus könnte man Hoffnung schöpfen.

## 6.2 Mitleid als Triebfeder moralischen Handelns (Arthur Schopenhauer)

Weite Teile seines Textes *Über die Grundlage der Moral* [Schopenhauer] verwendet Schopenhauer für die Auseinandersetzung mit Kants kategorischem Imperativ. Obwohl er Kant eigentlich sehr schätzt, lässt er an dessen moralischem Gesetz kein gutes Haar. Einen seiner besonderen Kritikpunkte, Kant ersetze

Gott durch seine Auffassung von Pflicht, habe ich oben schon erwähnt. Ich möchte aber diese Auseinandersetzung hier nicht vertiefen, sondern Schopenhauers eigene Moralvorstellung hervorheben.

Im völligen Gegensatz zu Kant sucht Schopenhauer die Quellen bzw. Triebfedern moralischen Handelns nicht in der Metaphysik (guter Wille, Pflicht, Vernunft), also losgelöst von allen Erfahrungen und Empfindungen, sondern eben genau dort, also in der Beobachtung von Verhalten (Empirie). Im Rahmen seiner Absage an die Vernunft als moralischem Wegweiser sagt er zunächst sinngemäß:

*Vernünftiges Handeln impliziert keine Rechtschaffenheit und Menschenliebe. Vernünftiges Handeln kann durchaus eigennützigen, sogar ruchlosen Maximen folgen. [...] Vernunft und Lasterhaftigkeit lassen sich sehr wohl vereinigen.*

Übersetzt in unseren Alltag heißt das: Wer z.B. ein Netz aus Intrigen oder Seilschaften zum eigenen Vorteil zu spinnen in der Lage ist, muss durchaus logisch vernünftig denken können. Das bedeutet: Vernunft allein veranlasst uns noch nicht zu moralischem Handeln. Es muss noch eine andere Triebfeder bzw. ein anderes Fundament geben!

Schopenhauer: *Daher bleibt zur Auffindung des Fundaments der Ethik kein anderer Weg, als der empirische nämlich zu untersuchen, ob es überhaupt Hand-*

*lungen gibt, denen wir echten moralischen Wert zuer-*
*kennen müssen.*

Auf dem Wege seiner empirischen Untersuchungen findet er die drei Grund-Triebfedern menschlichen Handelns schlechthin: Der Egoismus (der das eigene Wohl will), die Bosheit (die das fremde Wehe will) und das Mitleid (welches das fremde Wohl will). Mitleid sei, so postuliert er, die wahre moralische Triebfeder; deshalb spricht man auch von Schopenhauers Mitleidsethik.

Menschenliebe im Allgemeinen und Mitleid im Speziellen sind Schopenhauers Erkenntnis und Triebfeder zum moralischen Handeln:

*Diese ganze unmittelbare, ja, instinktartige Theil-*
*name am fremden Leiden, also das Mitleid, ist die al-*
*leinige Quelle solcher Handlungen, wenn sie morali-*
*schen Werth haben, d.h. von allen egoistischen Moti-*
*ven rein seyn, und eben deshalb in uns selbst diejenige*
*innere Zufriedenheit erwecken sollen, welche man das*
*gute, befriedigte, lobende Gewissen nennt; wie auch*
*beim Zuschauer die eigenthümliche Beistimmung,*
*Hochachtung, Bewunderung und sogar demüthigen*
*Rückblick auf sich selbst hervorrufen sollen, welcher*
*eine nicht abzuleugnende Thatsache ist.*

Schopenhauer achtet sehr darauf, dass Handeln aus Mitleid nur *bei Abwesenheit aller egoistischen Motive* moralisch wertvoll ist (darin ist er sich mit Kant einig). Einzig die fremde Not darf Motiv sein! Wenn ich jemandem helfe und habe nur die geringsten Absichten in Bezug auf irgendeinen Vorteil für mich, ist die Handlung nicht moralisch, selbst wenn ich nur Lob, Anerkennung oder höheres Ansehen erwarte. Der einzige *Vorteil*, den ich annehmen darf, ist eine innere Zufriedenheit und, was ich nicht verhindern kann, dass ein zufälliger Beobachter meiner Tat, diesbezügliche positive Empfindungen hat.

Mitleid (Mitgefühl) ist eine Empfindung, die wir gut kennen, allerdings in stark abgestuften Ausprägungen. Das bedeutet, dass das Gefühl des Mitleidens umso stärker ausgeprägt ist, je näher uns die betroffenen Personen stehen. Partner und Kinder stehen uns sicher näher als Kollegen und Vorgesetzte, diese wiederum näher als ferne Bekannte usw. Damit würde sich jetzt, besonders im eigenen Arbeitsumfeld, die *berühmte* Frage stellen: Warum soll ich mit diesen Menschen Mitleid haben? Aber für Schopenhauer stellt sich diese Frage erst gar nicht, denn:

*[...] Dieses Mitleid selbst ist eine unleugbare Thatsache des menschlichen Bewußtseyns, ist diesem wesentlich eigen, beruht nicht auf Voraussetzungen, Begriffen, Religionen, Dogmen, Mythen, Erziehung und Bildung; sondern ist ursprünglich und unmittelbar, liegt in der menschlichen Natur selbst, hält eben deshalb unter allen Umständen Stich, und zeigt sich in allen Ländern und Zeiten; daher an dasselbe, als an etwas in jedem Menschen nothwendig Vorhandenes, überall zuver-*

*sichtlich appelirt wird, und nirgends gehört es zu den „fremden Göttern".*

Wie bereits erwähnt ist es leider so, dass, wie Schopenhauer unterstellt, im Menschen grundsätzlich immer drei Grundtriebe oder Charaktere, angelegt sind: Der Egoismus, die Bosheit und das Mitleid. Der Unterschied zwischen den Menschen ist demnach nur die jeweilige Ausprägung dieser Triebe. Unser Schwerpunkt war bisher das Mitleid, weil uns das moralisch Wertvolle interessiert, aber ein Vorherrschen der anderen, unmoralischen Triebe, ist ebenso möglich. Ebenso bedauerlich ist es, dass man die Charaktereigenschaften eines Menschen nicht ändern kann, zumindest sieht Schopenhauer das so. Man kann zwar den Egoisten überzeugen, dass eine gewisse moralische Handlung für ihn von Vorteil ist, aber dieser Vorteil entwertet das Moralische gleich wieder. Oder wie Schopenhauer sinngemäß sagt:

*Man kann das Handeln umgestalten, aber nicht das Wollen, nur im Wollen ist Moralität möglich. „Der Kopf ist aufgehellt, das Herz bleibt ungebessert".*

Die vielleicht berührendste Aussage Schopenhauers ist:

*[...] Der gute Charakter hingegen lebt in einer seinem Wesen homogenen Außenwelt: die Anderen sind ihm kein Nicht-Ich; sondern ein „Ich noch ein Mal". Daher ist sein ursprüngliches Verhältnis zu Jedem ein befreundetes.*

Selbst wenn uns Schopenhauers Moralethik an-rührt, sie ist, wie wir tagtäglich erleben können, leider nicht *universell im Einsatz*. So sind wir auf der Suche nach den Quellen einer universellen Handlungs- und Beziehungsqualität nicht sehr viel weiter gekommen. Auch wenn Mitleid eine starke Triebfeder ist, ist sie nicht in jedem gleich stark angelegt. So müssen wir – ganz im Gegensatz zu Schopenhauer – weiterhin Fra-gen folgender Art stellen: Warum soll ich Mitleid (Mit-gefühl) mit Kollegen haben, sie unterstützen, wenn sie Hilfe brauchen, sie vor Fehlern bewahren, sie vor un-gerechten Vorwürfen und Handlungen in Schutz neh-men? Warum soll ich, um andere zu schützen, meinen eigenen Fehler zugeben? Warum soll ich, um andere zu schützen, mich nicht an übler Nachrede über sie beteiligen? Verallgemeinert heißt das: Warum soll ich etwas tun, was meine Freiheit des (boshaften, egoisti-schen) Handelns einschränkt?

Wie gesagt, Schopenhauer stellt sich diese Frage nicht. Er nimmt die drei Charakterzüge Egoismus, Bosheit und Mitleid als grundsätzlich angeboren an. Es wäre also ein reiner Glücksfall, wenn man nur von lieben, zu Mitleid fähigen Menschen umgeben ist. Im Privatleben mag das möglich sein, im Beruf oder in der Öffentlich-keit können wir davon nicht ausgehen.

Eventuell bringt uns die uralte *Goldene Regel der prak-tischen Ethik* auf eine neue Spur: *Behandle andere so, wie du von ihnen behandelt werden willst*. Bekannter ist meist die negative Form davon: *Was du nicht willst*

*was man dir tu, das füg' auch keinem anderen zu!* Man
könnte jetzt auf den Gedanken kommen, dass ein gegenseitiges Übereinkommen nach dem Motto *tu mir
nichts, dann tue ich dir auch nichts*, oder *wenn du mir
hilfst, helfe ich dir auch*, also quasi ein *Vertrag* über
moralisches Verhalten ein Lösungsansatz wäre. Genau
das haben verschiedene Philosophen mit der Idee des
Kontraktualismus zu realisieren versucht.

## 6.3   Vertraglich geregelte Moral (Kontraktualismus)

Beim Kontraktualismus geht es im Wesentlichen
um Handlungen auf Gegenseitigkeit, womit die *Frage
was habe ich davon zugunsten anderer zu handeln*
beantwortet wäre: Wenn ich mich an die Vereinbarungen halte, hält sich der andere auch daran. Ich
schränke mich zwar in meiner Handlungsfreiheit ein,
gewinne aber durch mehr Kooperation. Es ist also rational, solche Vereinbarungen zu treffen und sich daran
zu halten. Obwohl diese Vereinbarungen eindeutig
egoistische Elemente enthalten, wollen wir ihnen eine
Moralität nicht gänzlich absprechen.

Auch wenn wir bei unserem Verhalten sicher nicht
an einen Vertrag denken, kennen wir entsprechende
Situationen gut. Man denke nur an den eigenen betrieblichen Alltag oder an eine beliebig andere soziale
Gruppe, der wir angehören. Ohne dass es jemals explizit besprochen oder gar aufgeschrieben worden wäre,
gibt es eine stille Übereinkunft darüber, wie wir mitei-

nander umgehen. Solange sich alle im Team wohlfühlen, kann man davon ausgehen, dass der *Kontrakt* ein-
gehalten wird. Und wir alle kennen die Folgen, wenn
nur einer aus dem Vertrag ausschert, sich also nicht
gruppenkonform verhält: Der Rest der Gruppe fühlt
sich angegriffen und wehrt sich mit sozialem Druck,
mit Verweigerung der Kooperation, der Kommunikation bis hin zur völligen Ausgrenzung des Übeltäters. Die
Gruppe sanktioniert die Abweichung.

Gruppen, in denen das so funktioniert, nennen wir
moralische Gemeinschaften [Stemmer, 2000] und wir
fragen uns, welche moralischen Gemeinschaften es
geben kann. Wobei – das gleich vorweggenommen –
die Größe der Gemeinschaft ein Problem sein kann,
denn ab einer gewissen Gruppenstärke können der
oder die Übeltäter nicht mehr identifiziert und damit
*bestraft* werden. Also sind es wohl eher kleinere
Gruppen, die nach *ungeschriebenen Gesetzen* funktionieren.

**Ist eine Familie (Vater, Mutter, Kinder) eine morali-
sche Gemeinschaft?**

Sicher ist, dass es im Erziehungsprozess eine ganze
Reihe klarer, von den Eltern festgelegten Regeln gibt:
*Du musst zur Schule gehen, weil…, Du musst dir die
Zähne putzen, weil…* etc. Wenn Eltern diese Regeln
auch vernünftig begründen, ist das natürlich in Ord-
nung. Daneben gibt es unzählige Regeln, welche
selbstloses, also moralisches Handeln fördern sollen:
*Quäle nie ein Tier zum Scherz, denn es spürt wie du*

*den Schmerz* (Mitleid, Mitgefühl) bis hin zu: *hilf doch deiner kleinen Schwester auf die Schaukel.* Der wesentliche Teil der Erziehung zur Moral geschieht aber eher durch aktives Vorleben. Eltern scheinen instinktiv zu wissen, dass Schopenhauer recht hat, wenn er sagt, dass in jedem Menschen die Grundtriebe Bosheit, Egoismus und Mitleid grundsätzlich angelegt sind. Denn das erleben sie ja ganz konkret an ihren Kindern. Deshalb kombinieren sie das eigene Beispielgeben mit ständigem Ermahnen und gelegentlichem Bestrafen bei Fehlverhalten. Die Familie ist im Grunde die Keimzelle der Moralität, und sie leistet in der Erziehung zu moralischem Verhalten Schwerstarbeit. So sie es tut.

## Ist eine Schulklasse eine moralische Gemeinschaft?

Viele Lehrer würden das wohl verneinen, insbesondere dann, wenn sie die Schüler als ihre Widersacher sehen. Dass es aber Situationen gegenseitiger Hilfe und Unterstützung geben kann, welche nicht auf unmittelbare Gegenleistung ausgerichtet ist, haben die Beispiele in Abschn. 2.2 gezeigt. Also ja, eine Schulklasse *kann* eine moralische Gemeinschaft sein. Das Sanktionieren von Mitschülern durch ihre Schulkameraden funktioniert auf alle Fälle – auch das unmoralische (Mobbing).

## Kann ein Fußballteam eine moralische Gemeinschaft sein?

Ähnlich wie bei einem Arbeitsteam ist der offizielle Auftrag klar: *mehr Tore schießen als der Gegner.* Ebenso klar sind die Regeln, was im Spiel erlaubt bzw. nicht erlaubt ist. Über diese Regeln wacht der Schiedsrichter. Er ist derjenige, der die Macht hat, Regelverletzungen festzustellen und zu sanktionieren. So gesehen ist er eine juristische aber keine moralische Instanz. Der Trainer spielt eine ganz andere Rolle. Er bestimmt die Taktik seiner Mannschaft, welche er angesichts der Gegner möglicherweise von Spiel zu Spiel anpasst. Wenn die Spieler seine Taktik nicht umsetzen, kann es am Gegner oder am eigenen Unvermögen liegen. Hier gibt es sicher verschiedene Formen der Bestrafung: Das Spiel wird verloren oder *schuldige* Spieler werden vom Trainer nicht mehr eingesetzt. Dass einzelne Spieler andere Mitspieler tadeln, weil sie einen Pass nicht wie erwartet geschossen haben, kommt sicher auch vor. Aber das ist kein moralisches Urteil. Denn jeder weiß, solche Fehler können jedem passieren. Und jeder ist bemüht, eigene Fehler oder die von Mitspielern wieder gut zu machen. Aber angesichts des ganz klaren Ziels (*wir wollen gewinnen*) und in der Folge der Ausrichtungen aller Aktivitäten und Handlungen auf dieses Ziel, ist hier ein moralischer Überbau nicht zu erkennen.

**Kann die Gemeinschaft aller Mitarbeiter eines Unternehmens eine moralische Gemeinschaft sein?**

Wenn überhaupt, dann kann das nur der Fall sein, wenn es eine gemeinsam entwickelte Vision gibt, zumindest aber eine Vision, hinter der alle Mitarbeiter auch *mit dem Herzen* stehen. Letzteres setzt wiede-

rum Vorgesetzte mit ungewöhnlichen Führungsquali-
täten voraus, welche u.a. über die Vision einen *moralischen Raum* initiieren und die Mitarbeiter zum *Eintritt*
in diesen Raum motivieren. Es müsste dazu eine etab-
lierte moralische Ordnung existieren, welche bei Verletzung auch moralische Sanktionen nach sich zieht. In
religiösen Gemeinschaften ist dies vorstellbar, in einer
*normalen* Belegschaft, in der sich die meisten gar nicht
persönlich kennen, wohl eher nicht.

## Kann ein Arbeitsteam in einem Unternehmen eine moralische Gemeinschaft sein?

Arbeitsteams sind in erster Linie Gemeinschaften
rationalen Handelns (Arbeitsauftrag, Regelwerke, Anweisungen, Vorschriften). Es ist nicht selbstverständlich, dass es darüber hinaus auch eine Beziehung moralischen Handelns gibt. Bei einem neu zusammenge-
stellten Team werden die Mitglieder zunächst versuchen die informellen Machtverhältnisse zu ergründen
bzw. durch entsprechendes Verhalten festzulegen. Das
ist die entscheidende Phase, die darüber entscheidet,
ob sich alle Teammitglieder als *in einem Boot sitzend*
oder als *an einem Strang ziehend* wahrnehmen. Bei
Fußballteams geht das schnell und ist aber auch relativ
einfach: *Wir wollen gewinnen*.

Bei Arbeitsteams im betrieblichen Umfeld dauert es
immer eine gewisse Zeit, bis jeder seine von allen ak-
zeptierte informelle Rolle gefunden hat. Es hängt
meist vom Verhalten einzelner Personen ab, ob und
wie schnell über das *wir-wollen-gewinnen* hinaus auch

ein *wir-wollen-Qualität-liefern* und ein *wir-wollen-Freude-haben* entsteht. Gute Teamleiter wissen wie sie neben der objektiven Qualität der Dinge auch für die subjektive Handlungs- und Beziehungsqualität sorgen können. Gäbe es ein Patentrezept dafür, würde ich es hier beschreiben.

Allgemein gesprochen muss sich im Team ein Verständnis darüber entwickeln, dass es, über die Erfüllung der konkreten, durch den Arbeitsauftrag festgelegten Tätigkeiten und Verantwortlichkeiten hinausgehende Abhängigkeiten der Teammitglieder untereinander gibt. Damit stünden Forderungen im Raum, deren Nichterfüllung zwar den betrieblichen Auftrag nicht notwendigerweise gefährden, aber das, was man allgemein als (Mikro-) *Klima* bezeichnet. Die Erfüllung bzw. Nichterfüllung dieser, nicht explizit vereinbarten, Forderungen kann in der Gefühlslage jedes Einzelnen durchaus den Unterschied zwischen *ich mache meinen Job gerne* und *ich mache nur das, was unbedingt nötig ist* (Dienst nach Vorschrift) ausmachen. Dass aber solche Forderungen *im Raum* stehen ist schon deshalb klar, weil wohl selten ein Arbeitsauftrag so im Detail beschreibbar ist, dass er nur durch sture Erfüllung, also ohne Abstimmung, ohne Eigeninitiative, ohne gegenseitige Unterstützung umsetzbar ist. So gesehen hat jedes Team die Chance und letztlich auch die Pflicht einen moralischen Raum zu bilden und aufrecht zu erhalten.

Entscheidend für die Handlungs- und Beziehungsqualität im betrieblichen Miteinander ist es, dass sich
die Mitarbeiter als moralische Gemeinschaft
(=Wertegemeinschaft) verstehen und es deshalb ein
anerkanntes, wechselseitiges, moralisches Forde-
rungssystem gibt. Es soll an dieser Stelle aber nicht
verschwiegen werden, dass nicht jeder erkennt, dass
es für ihn rational ist, sein Verhalten mit dem anderer
zu koordinieren, bzw. dass es irrational wäre dies nicht
zu tun. Nicht jeder durchschaut, dass es seinen eigenen Interessen dient, sich Handlungsbeschränkungen
zugunsten anderer aufzuerlegen, vorausgesetzt der
andere tut es auch [Stemmer, 2000].

**Eine kurze Zwischenbilanz**

Durch die gegenseitige Anerkennung der moralischen Rechte und Pflichten werden zwar unsere individuellen Freiheiten eingeschränkt, andererseits stabi-
lisieren wir damit aber die soziale Gemeinschaft in der
wir leben. Diese Stabilisierung ist ein besonders wichtiger Aspekt, denn sie entscheidet grundlegend über
unser Wohlbefinden in einer Gemeinschaft, einem
Arbeitsteam oder jeder anderen Gruppe, der wir uns
zugehörig fühlen wollen. Durch einen laufenden und
wechselseitigen Abgleich unserer Wünsche und Forderungen entsteht schließlich ein System freiwilliger
Verhaltensweisen zum gegenseitigen Vorteil. Dabei
empfinden wir die selbstauferlegten Einschränkungen
meist gar nicht als solche, genießen aber das gegenseitige Wohlwollen, das Mehr an Kooperation und Kom-

munikation und schließlich das Mehr an Freude: Wir empfinden eine subjektive Handlungs- und Beziehungsqualität. So können wir jetzt schlussfolgern: Sinn für Qualität zu haben, bedeutet Sinn für Moral zu haben. Sich für Qualität einzusetzen ist also ein Handeln zugunsten anderer. So zu handeln scheint in besonderer Weise rational und moralisch zu sein.

## 6.4 Moral und Spiegelneuronen

Die Hoffnung, dass moralisches Verhalten, zumindest aber die Fähigkeit zur Empathie, anerziehbar und erlernbar ist, wird gestärkt durch wissenschaftliche Erkenntnisse aus der Hirnforschung. In Anlehnung an Düllings [2013] ergeben sich für unsere Betrachtungen die folgenden interessanten Aspekte:

*Spiegelneuronen sind Nervenzellen im [...] Stirnlappen des Gehirns. Das Besondere an Spiegelneuronen ist, dass sie dasselbe Aktivitätsmuster aufweisen wenn man eine Handlung beobachtet, wie wenn man dieselbe Handlung selbst durchführen würde* [Düllings, 2013].

Das bedeutet: Wenn wir jemanden leiden sehen, sind bei uns die gleichen Hirnareale aktiv, wie wenn wir das Leid selbst erfahren würden. Damit ist Mitleid (auch) ein biologisches Phänomen! Schopenhauer hatte *damals* schon recht.

*Folgende Effekte sind auf Spiegelneuronen zurückzuführen* [Düllings, 2013]:

*(1) Beobachtetes Verhalten wird intuitiv nachgeahmt*

*(2) Beobachtete Emotionen werden automatisch nach-empfunden (emotionale Empathie)*

*(3) Wenn zwei Menschen eine emotionale Verbindung haben [...], werden sie unbewusst auch ihre Körpersprache harmonisieren, z.B. durch das Einnehmen einer ähnlichen Sitzposition*

*Wie können wir dieses Wissen über Spiegelneuronen im Alltag einsetzen?*

### Interaktion mit Kleinkindern und Babys

*Das größte Entwicklungspotenzial haben Spiegelneuronen in den ersten drei bis vier Lebensjahren. Um die Entwicklung der Spiegelneuronen zu fördern, sollten Eltern möglichst häufig und bestenfalls auch mit einer entsprechenden Emotionalität mit Ihren Kindern sprechen. Kleinkinder und Babys bauen durch das Nachahmen von Mimik u.ä. eine emotionale Bindung auf, lernen eigene Gefühle wahrzunehmen und üben den Gefühlszustand anderer Menschen zu erkennen.*

### Vorbildfunktion

*Auch dieser Punkt bezieht sich in erhöhtem Maße auf die Erziehung von Kindern. Er ist jedoch auch im Umgang mit Kollegen und Mitarbeitern von Bedeutung. Wenn Sie eine Handlung durchführen, werden sich die Spiegelneuronen derer, die Ihr Verhalten beobachten, so entwickeln, dass sie sich zukünftig wahrscheinlicher auch so verhalten werden, wie von Ihnen vorgelebt. [...]*

Nun haben wir auch einen wissenschaftlichen Beleg dafür, dass Familien, Schulklassen, Arbeitsteams und andere Gruppen Keimzellen der Moralität sein können.

## 6.5 Warum überhaupt moralisch sein?

Dass wir diese Frage nochmals ganz explizit aufgreifen, hat mit der Herangehensweise von Kurt Bayertz zu tun, der ein Buch mit dem gleichnamigen Titel geschrieben hat [Bayertz, 2014]. Bayertz unterstellt, dass Eigeninteresse selbst für eine amoralische Person der wesentliche Anlass ist, doch moralisch zu handeln. Es muss also das Ziel sein, dass die Forderungen der Moral und das Selbstinteresse konvergieren und schließlich zusammenfallen, oder, wie Bayertz es formuliert: *eine Versöhnung von Moral und Klugheit*.

Man kann nun eine Reihe von Aufforderungen zu moralischem Handeln entwickeln und sie auf ihren Vernunftgehalt hin untersuchen, hier eine Auswahl in Anlehnung an [Bayertz, 2014]:

***Man soll moralisch sein, weil dies göttlicher Wille ist!***

Diese Forderung mag für Gottgläubige außerordentlich wirksam sein, hat aber mit Vernunft nichts zu tun. Seit die Philosophen versuchen, von dieser theonomen Auffassung wegzukommen, suchen sie nach anderen Quellen und Triebfedern moralischen Verhaltens. Für Kant ist es die Pflicht, für Schopenhauer das Mitleid, wie beschrieben.

### Man soll moralisch sein, weil man anderen Menschen sonst schadet!

Diese Forderung entspricht einer Minimalmoral, bei der es nur um Schadensvermeidung beim anderen geht. Es geht nicht um den Nutzen des anderen, sondern nur um die Vermeidung von Nachteilen für ihn. Das ist eine starke Forderung, wenn man bedenkt, was das Gegenteil davon wäre: Ich tue nichts, ich sehe einfach nur zu wie dem anderen Übles widerfährt, obwohl ich es abwenden bzw. mildern könnte. Selbst dem Egoisten, den es in Reinform ja nicht wirklich gibt, käme dies wohl sehr *hartherzig* vor.

### Du sollst moralisch sein, weil es (auch) in deinem Interesse ist!

Jedes Individuum ist notwendigerweise selbstinteressiert. Man kann das weder leugnen noch abstellen. Diese Forderung entspricht der Idee des Kontraktualismus. Sie will uns zeigen, dass Egoismus und moralisches Handeln nicht widersprüchlich sind, denn wir handeln zum eigenen Vorteil und gleichzeitig zugunsten anderer. Dass diese Regelung vernünftig ist, zeigt folgende Überlegung: Wenn wir annehmen, dass es überhaupt keine Moral gäbe, jeder also alles machen könnte, stehlen, lügen, betrügen, einfach alles zu seinem Vorteil, dann wäre dies zumindest theoretisch die absolute und uneingeschränkte Freiheit. Nachdem sich aber nach dieser Annahme alle Menschen so verhalten würden, würde man sehr viel Zeit dafür aufwenden müssen, seinen Besitz zu verteidigen. Damit wäre es mit der Freiheit dann doch vorbei. Jeder würde sich bewaffnen, alle hätten Angst und keiner traut mehr dem anderen. Handlungs-und Beziehungsqualität: negativ! Auch wenn es eine solche Welt nicht gibt, muss man doch über einen anderen Weg nachdenken.

Wenn bei diesem Nachdenken dann doch die Vernunft einsetzt, wird man erkennen, dass es besser ist, weniger zu besitzen, dafür aber in Sicherheit und angstfrei zu leben. In diesem Gefühl der Sicherheit entsteht dann etwas völlig Neues, bisher Unbekanntes: Vertrauen. Vertrauen setzt Kommunikation voraus und aus beiden entsteht Kooperation. Das ist die eigentliche Freiheit! Handlungs- und Beziehungsqualität: positiv!

Wir können dieses positive Verhalten unmittelbar auf unser privates und berufliches Leben übertragen: Vertrauen, Kommunikation, Kooperation und als Summe des Ganzen: Verantwortung. Es gibt kein einziges vernünftiges Argument gegen diese Forderung und diese Handlungsweise!

Nun wird behauptet, dass der hier beschriebene Kontraktualismus zwar logisch und vernünftig, aber wegen des Eigeninteresses ein nicht wirklich moralischer Standpunkt ist. Dies wird mit der Begründung belegt, es fehle ihm an Empathie [Bayertz, 2014] bzw. er sei nicht intrinsisch motiviert [Stemmer, 2000]. Andererseits würde es aber keinen *moralischen Kontrakt* geben, wenn es keine Initiative dazu gäbe. Wer das hierzu nötige Vertrauen aufbauen will, muss sich den

Menschen zuwenden, er muss über ein Mindestmaß an Empathie verfügen, er muss erst etwas geben, nämlich den initialen Vertrauensvorschuss, ohne zu wissen, ob er etwas zurück bekommt. Das ist natürlich nicht ohne Risiko!

Der einzige Nachteil des Kontraktualismus ist seine begrenzte Wirksamkeit. Wie in Abschnitt 6.3 beschrieben, und wie wir alle wissen, funktioniert er nicht universell, sondern nur innerhalb überschaubarer (moralischer, sozialer) Gruppen und Gemeinschaften wie etwa Arbeitsteams, Familien oder Schulklassen. Wenn man sich aber aufgefordert fühlt, etwas zur Verbesserung der Welt beizutragen, dann kann das nur in jenen Gruppen geschehen, in denen man durch eigenes Verhalten einen gewissen Einfluss hat!

***Du sollst moralisch sein, weil du nur so glücklich werden kannst!***

Nicht alle Philosophen sehen einen Widerspruch zwischen Selbstinteresse und moralischem Verhalten. Für die Philosophen der Antike war *das tiefste und letzte Motiv* menschlichen Handelns, der Wunsch nach einem *guten und gelingendem Leben,* welches in der Suche nach dem *Glück* (eudaimonia, eudaimonistische Ethik) zum Ausdruck kommt. Und dieses Glück kann eben nur durch moralisches Handeln, Handeln <u>auch</u> zugunsten anderer, erreicht werden.

Dass moralisches Handeln Freude oder gar Glücksgefühle auslösen kann, haben wir schon an anderer

Stelle gesehen. Das Entstehen subjektiver Handlungs- und Beziehungsqualität hängt geradezu davon ab, dass wir solch positive Empfindungen in uns feststellen. Wer dieses Gefühl der Freude, anderen etwas Gutes getan zu haben kennt, der könnte leicht dauerhaft Gefallen daran finden.

**Du sollst moralisch sein, weil du sonst mit Sanktionen rechnen musst!**

Moralisches Verhalten mit Drohungen zu erzwingen scheint nicht nur unlogisch, sondern selbst unmoralisch zu sein. Allerdings steht ja noch immer die Frage nach dem Warum im Raum: Warum soll ich moralisch handeln? Was passiert, wenn ich es nicht tue? Seit wir, wie schon gezeigt, Gottheiten oder andere metaphysische Instanzen ablehnen, suchen wir nach einem realen *Ersatz*, der uns dieses Sollen glaubhaft vermittelt und der gerechterweise auch sanktionieren darf. Wer sich jemals in einer Gruppe *daneben benommen* hat, kennt die Strafen, die aus der Gruppe auf ihn niederprasseln. Das geht vom wohlwollenden Tadel (*so was sagt man doch nicht*) über mehrere Stufen bis zum Ausschluss aus der Gruppe (*so einen wollen wir nicht mehr bei uns haben*). Das gilt für jede Gruppe, vom beruflichen Arbeitsteam bis zum privaten Wanderverein. Solange diese Strafmaßnahmen abgestuft sind und Reue, Wiedergutmachung oder Besserung durch den *Übeltäter* möglich ist, sind diese Sanktionen auch moralisch gerechtfertigt.

Ganz ohne Möglichkeiten moralisches Verhalten zu erzwingen sind wir also nicht. Denn eine Gruppe, die unter dem Fehlverhalten eines Mitglieds leidet, kann durchaus sozialen Druck ausüben. Ausgrenzung und Verweigerung der Kooperation sind Nachteile, die eine Wirkung haben können. Dabei ist es im praktischen Leben unerheblich, ob ein erzwungenes moralisches Verhalten überhaupt etwas mit Moral zu tun hat. Moral hat zwar, im allgemeinen Verständnis, mit Handeln aus innerer Überzeugung zu tun, aber es ist nicht auszuschließen, dass eine zunächst erzwungene (oder anerzogene!) Verhaltensänderung auf längere Sicht auch das Bewusstsein ändert und so zur inneren Überzeugung wird (siehe Abschn. 6.4). Das ist die Hoffnung.

Eine Gruppe muss sich allerdings sehr genau überlegen, wie weit sie mit der Bestrafung eines *moralischen Übeltäters* gehen will, und ob es nicht doch andere Möglichkeiten gibt, ihn wieder zu integrieren. Denn der Hinauswurf als maximale Strafe ist auch für die Gemeinschaft selbst ein Problem, weil sie dann ein vormoralisches, gesetzloses Verhältnis zum *Outlaw* hat [Stemmer, 2000]. Im betrieblichen Umfeld macht die Ausgrenzung eines nicht-konformen Teammitgliedes schon deshalb keinen Sinn, da sie im Unternehmen nicht notwendigerweise seine Entfernung aus dem Team bedeutet. Damit würde der Zustand für das Team noch schwieriger als eine Duldung. Man zieht das nicht-konforme Mitglied lieber mit und versucht es positiv zu beeinflussen. Wir machen also auch in der

Beziehungsqualität Kompromisse. Das ist vernünftig
<u>und</u> moralisch.

# 7. Testen Sie Ihre innere Einstellung zur Qualität

Immer nur das Verhalten *der Anderen* auf ihre Moralität hin zu beobachten und zu beurteilen, könnte selbst unmoralisch sein oder gar bigott wirken. Bleiben wir also selbstkritisch und hinterfragen unser eigenes Verhalten. Die nachfolgenden *Tests* können dabei helfen etwas über die eigene, innere Überzeugung zu erfahren.

## 7.1  Die Büroklammer

Fall 1: Stellen Sie sich vor, Sie gehen in Ihrem Unternehmen einen Flur entlang, kein Mensch ist sonst unterwegs, Sie sind alleine und unbeobachtet. Da sehen Sie eine Büroklammer auf dem Boden liegen. Es darf mit Sicherheit angenommen werden, dass Sie jetzt über die Klammer bzw. Ihr diesbezügliches Verhalten nachdenken. Nun haben Sie zwei Möglichkeiten zu reagieren: Büroklammer aufheben oder Büroklammer liegen lassen. Wie reagieren Sie?

Da Sie alleine sind, gehen Sie kein Risiko ein, schief angesehen zu werden, wenn Sie die Klammer liegen lassen. Werden Sie die Klammer trotzdem aufheben? Welche Begründungen legen Sie sich zurecht, wenn Sie die Klammer (wissentlich!) liegen lassen?

Fall 2: Sie gehen zusammen mit einem Kollegen über den Flur und sehen eine Büroklammer am Boden liegen. Sie wissen nicht, ob der Kollege sie auch sieht. Jetzt wird es kompliziert!

Wie reagieren Sie unter der Annahme, dass der Kollege die Klammer nicht sieht (er könnte ja gerade durch irgendetwas abgelenkt sein)? Wie reagieren Sie unter der Annahme, dass der Kollege die Klammer vermutlich auch sieht, sich dazu aber nicht äußert? Die Fälle, bei denen Sie beide die Klammer aufheben wollen lassen wir hier unbeachtet, ebenso alle genderspezifischen Varianten wie etwa: Frau sieht die Büroklammer, Mann nicht.

Es ist sicher leicht einzusehen, dass die Büroklammer ein Synonym für viele ähnliche, scheinbar unbedeutende (Qualitäts-)Situationen im privaten wie im beruflichen Umfeld ist.

Welche Lösungen bieten sich an?

Im Fall 1 ist Ihr einziges Risiko beim Liegenlassen der Klammer, dass Sie sich hinterher über Ihre Bequemlichkeit ärgern. Ist der Ärger stark genug, so dass Sie künftig alle Klammern aufheben? Falls ja, hätten Sie Ihre grundsätzliche Handlungsdisposition für solche Situationen aktualisiert. Glückwunsch!

Andererseits stellt sich die Frage, ob Sie etwas davon haben die Klammer aufzuheben? Es könnte zumindest sein, dass Sie sich über sich selbst freuen, wobei, nebenbei bemerkt, die Klammer selbst überhaupt keine Rolle spielt! Ärger oder Freude finden im Kopf statt (der Ort der Qualität). Sollten Sie allerdings überhaupt kein Gefühl für die Situation (nicht für die Klammer!) entwickelt haben, gehören Sie möglicherweise zur *Mir-doch-egal-Spezies,* was zumindest bedenkenswert wäre.

Im Fall 2 liegt das geringste Risiko im Aufheben der Klammer, da Sie einer negativen, wenn auch wahrscheinlich unausgesprochenen Meinung Ihres Kollegen entgehen. Wenn Sie die Klammer aufheben besteht zumindest die Chance einer – wahrscheinlich ebenso unausgesprochenen – guten Meinung Ihres Kollegen über Sie, falls Sie dessen Meinung (in beiden Fällen) überhaupt interessiert. Wenn Sie aber ganz explizit auf die gute Meinung anderer aus sind, die Klammer also nur deshalb aufheben, müssten Sie sich den Vorwurf des rein egoistischen Handelns gefallen lassen. Zudem könnte man Ihnen unterstellen, dass Sie die Klammer liegen lassen würden, wenn Sie alleine auf dem Flur wären. Nur, diesen Vorwurf macht Ihnen keiner. Wenn überhaupt, dann sind sie selbst Ihr moralischer Richter.

Was soll mit diesem Beispiel gezeigt werden?

Ob Sie nun die Klammer aufheben oder nicht, sich ärgern oder nicht, hängt allein von Ihrer moralischen Disposition ab. Wenn Sie sich ärgern, die Klammer nicht aufgehoben zu haben, verfügen Sie zumindest über eine, wenn auch (noch!) schwach ausgebildete, moralische Selbstinstanz.

## 7.2 Unsichtbare Qualität

Alle, die etwas herstellen, privat oder im Unternehmen, kennen das: Das gerade hergestellte (Teil-)Objekt hat einen kleinen Fehler. Er hat aber weder Einfluss auf die Funktion, noch wäre er im fertig montierten Zustand überhaupt sichtbar. Wenn sich der Fehler zudem ohne großen Aufwand korrigieren ließe, würde sich hier folgende Frage stellen: Welche Entscheidung treffen Sie in einer solchen Situation? Könnte es sein, dass Sie einfach ein bisschen stolz auf sich sind, wenn Sie den Fehler trotz seiner scheinbaren Bedeutungslosigkeit beseitigt haben? Das wäre dann ein weiterer *Beweis*, dass Qualität in Ihrem Kopf stattfindet, und Sie die damit verbundene (stille) Freude genießen – Sie spüren die Qualität! Es mag zwar gute Gründe geben, diesen Fehler nicht zu beseitigen. Das Schlimmste dabei wäre aber nicht, dass der Fehler weiterhin besteht, sondern, falls Sie ihn auch gedanklich *unter den Teppich kehren,* also ein *mir-doch-egal-Gefühl* entwickelt haben. Wenn Ihnen die objektive Qualität der Dinge egal ist und  sogar die subjektive Qualität, nämlich ihre Freude, wie steht es dann um Ihre Beziehung zu anderen? Zu bedenken wäre, jetzt allgemein gesprochen, dass ein *Fehler-nicht-beseitigen* immer auch ein *Fehler-an-andere-weiterschieben* ist. Das wäre dann die Verletzung der oben erwähnten Minimalmoral, nach der man andere nicht schädigen soll.

Diese Fragestellung trifft ja nicht nur im Fehlerfalle zu, sondern immer dann, wenn man meint, dass die geleistete Arbeit, das Beseitigen von Fehlern, das Bemühen um Qualität am Ende doch keiner bemerkt. Robert M. Pirsig hat sich darüber Gedanken gemacht, dass wir in Alltag und Beruf öfter nachlässig sind, weil wir glauben, dass unsere Arbeit nicht wichtig ist oder nicht gesehen wird. Sein Beispiel bezieht sich auf einen Mechaniker, der sein Motorrad repariert [Pirsig, 1974]:

*Die Qualität seiner Arbeit, von der er* [der Mechaniker] *geglaubt hat, dass niemand sie bemerken werde, wird bemerkt, und jeder, der sie bemerkt, fühlt sich deswegen ein bisschen besser und wird dieses Gefühl wahrscheinlich auf andere übertragen, und auf diese Weise ist dafür gesorgt, dass die Qualität erhalten bleibt. Meine persönliche Ansicht ist, dass jede künftige Verbesserung der Welt sich nur auf diese Weise vollziehen kann: dadurch, dass einzelne sich für Qualität entscheiden, und durch nichts anderes. […]*

*[…] Wenn einer nicht von dem Gefühl des Getrenntseins vom Gegenstand seiner Arbeit beherrscht ist, dann kann man von ihm sagen, dass er mit Liebe zur Sache an seine Arbeit geht. Liebe zur Sache ist im Grunde genommen ein Gefühl der Identifikation mit dem, was man tut. Wer dieses Gefühl hat, der sieht auch die andere Seite der Liebe zur Sache, die Qualität selbst.*

Dieses als Selbsttest gedachte Beispiel wirft (wieder einmal) die Frage nach der moralischen Disposition auf. Wer moralisch disponiert ist, verhält sich automatisch moralisch ohne jedes Mal neu darüber nachzudenken. Er verfügt über ein ausgeprägtes Gefühl des Mitleids und hat die tiefe Sehnsucht nach einem *guten und gelingenden Leben*. Eine moralisch disponierte Person hat *handfeste* Gründe, auch im Verborgenen moralkonform zu handeln (Büroklammer aufheben). Diese Gründe sind: (1) die inneren Sanktionen, das Gespür unrecht zu tun, das schlechte Gewissen, (2) die Angst entdeckt zu werden und (3) die anzunehmende Ablehnung durch die soziale Gemeinschaft (*was würden die anderen dazu sagen?*) [Stemmer, 2000].

Meiner Ansicht nach können diese belastenden und negativen Sanktionen keine ausreichenden Triebfedern für moralisches Verhalten sein! Ich bin überzeugt, dass die positiven Gefühle, die bei Handlungen zugunsten anderer in einem entstehen (Freude, Stolz, Zufriedenheit, Glück) viel prägender und motivierender sind. Und nicht nur das. Wer moralisch handelt, weil er Angst vor inneren oder äußeren Sanktionen hat, verliert seine Ausstrahlung. *Strahlung* entsteht nur bei positiven Gefühlen und nur so lassen sich Mitmenschen beeinflussen! Nur so hat man Spaß auch im Verborgenen moralisch und qualitätsorientiert zu handeln. Das ist die Hoffnung.

## 7.3 Angst frisst Vernunft?

Beim folgenden moralischen Selbsttest brauchen Sie die Hilfe und das Vertrauen von anderen, daher ist Ihr Risiko hoch.

Stellen Sie sich vor, Sie und Ihr gesamtes Team werden aufgefordert, Ihre schlecht laufenden Arbeitsabläufe zu analysieren, die Probleme zu benennen und zu beseitigen. Stellen Sie sich weiterhin vor, dass Sie, um des Erfolges der Maßnahme willen, Ihre eigenen Probleme aufzeigen müssten, dass Sie beispielsweise Ihre Aufgabe und Verantwortung gar nicht richtig verstehen, dass Ihnen Kenntnisse, Fähigkeiten oder Fertigkeiten fehlen oder ähnliches. Einerseits wäre es selbst aus Ihrer Sicht absolut vernünftig, die Arbeitsabläufe zu verbessern. Andererseits müssten Sie aber Ihre Schwächen preisgeben. Ein Dilemma! Wie verhalten Sie sich?

Lösung 1: Sie vertuschen weiterhin Ihre Probleme.

Damit handeln Sie sich aber mindestens zwei neue Probleme ein: Erstens werden Sie in der Folge noch unzufriedener mit sich selbst und Ihrer Arbeit. Mit Ihrer abnehmenden Motivation wird auch Ihre Kommunikations- und Kooperationsbereitschaft geringer und schließlich auch die Handlungs- und Beziehungsqualität im Team. Zweitens: Obwohl Sie jetzt einen noch größeren Aufwand treiben müssen, um Ihre Schwächen zu verschleiern, steigt das Risiko, dass Ihre Schwächen doch noch entdeckt werden, denn: Wenn vom Team alle anderen Probleme gelöst wurden und nur das Ihre übrig bleibt, können Sie sicher sein, dass Sie in Kürze als Sündenbock dastehen.

Lösung 2: Sie *outen* sich (*liebe Kollegen und Kolleginnen, ich muss Euch gestehen, dass ich…*).

Jetzt gibt es zwei Möglichkeiten, wie Ihre lieben Kollegen und Kolleginnen reagieren. Einerseits besteht ein gewisses Risiko darin, dass Ihre Ehrlichkeit gegen Sie verwendet wird, was einem absoluten Vertrauensbruch gleichkäme und die Frage aufwirft, ob Sie jemals in einem solchen Team glücklich werden können. Andererseits könnten Ihre Offenheit und Ihr Vertrauen, das Sie der Gruppe entgegenbringen, einen richtigen Schub an Beziehungsqualität (Qualitätsdynamik) im gesamten Team auslösen.

Wie entscheiden Sie sich?

Alle, die sich für Lösung 2 entscheiden, befinden sich bereits in einem Team mit vertrauensvollem Umgang, also mit hoher Handlungs- und Beziehungsqualität. Alle anderen werden sich wohl fragen, wo denn das erforderliche Vertrauen herkommen soll. Wie entsteht Vertrauen?

# 8. Wir müssen reden – Kommunikation und Vertrauenskultur

## 8.1 Es ist eigentlich ein alter Hut...,

...dass wir mit Spaß und Freude unserer Arbeit nachgehen wollen. Eine besonders wichtige Voraussetzung hierfür ist die freie, informelle Kommunikation mit Kollegen und Vorgesetzten. Auf diesem Wege erhalten wir hilfreiche Rückmeldung über uns, unsere eigene Arbeitsleistung und unseren Wert für die Gruppe. Manchem Manager mag es gar nicht recht sein, dass er diese informelle Kommunikation nicht steuern kann. Was aber so *auf den Fluren und in den Teeküchen* gesprochen wird, sollte nicht pauschal als Gerüchteküche oder Geschwätz abgetan werden, auch wenn es das manchmal sein mag. Die informelle Kommunikation drückt zwar auch die allgemeine Stimmungslage aus und dient schon mal zum *Dampfablassen*, sie ist aber auch Bestandteil der gegenseitigen Unterstützung und des Informationsaustausches, sie dient der unbürokratischen Beantwortung von Fragen, Beseitigung von Missverständnissen, Klärung von Zuständigkeiten oder Aufgaben und bringt so manches stockende Projekt wieder in Gang. Verantwortungsbewusste Manager wissen natürlich, dass die informelle Kommunikation in der betrieblichen Gemeinschaft wichtig und überwiegend nützlich ist. Sie können auf diese Kommunikation indirekt und positiv einwirken, indem sie für eine klare und verlässliche formale Kommunikation sorgen (regelmäßige Gespräche, Meetings, Informationsveranstaltungen, *social media* etc.). Dadurch werden formale und informelle Kommunikation zum erlebbaren Ausdruck der Vertrauenskultur und zur wichtigsten Säule der Organisation.

Die Qualität der Kommunikation hängt stark vom Vertrauen derer ab, die miteinander kommunizieren. Vertrauen wiederum entsteht fast ausschließlich über Kommunikation: ein Henne-Ei-Problem? Nein. Alles beginnt mit dem Vorschussvertrauen (Empathie) das alle Betroffenen – Manager, Mitarbeiter, Kollegen – mitbringen müssen, wenn sie sich die ersten Male begegnen. Wie sich die Qualität der Kommunikation dann weiterentwickelt hängt überwiegend von weichen Faktoren ab: Geduld und Kritikfähigkeit, Fähigkeit zu konstruktivem Feedback, Mut Entscheidungen zu fällen, Fehler einzugestehen und Entscheidungen zu korrigieren. Da kein Mensch immer *gleich gut drauf ist*, wird es immer Missverständnisse und Kommunikationsprobleme geben. In einem vertrauensvollen Klima ist aber das Äußern von Ärger, Unmut und Widerspruch nicht nur *erlaubt,* sondern zur Verbesserung von Kommunikation und Zusammenarbeit sogar zwingend notwendig. Alles in allem geht es um die Werte (die Qualität) des Zusammenlebens.

## 8.2 Feedback geben ist eine Kunst

Gutes und hilfreiches Feedback geben zu können gehört zu den besonderen Fähigkeiten, auf die jeder Kollege, jedes Team, jedes Projekt und jede Organisation in hohem Maße angewiesen ist. Gute Feedbacks sind Lernchancen und Triebfedern und jeder hat das Recht Feedback zu erhalten und die Pflicht Feedback zu geben. Nicht gegebene Feedbacks sind geraubte Chancen! Dabei muss gutes Feedback nicht unbedingt positiv sein, muss aber eine Qualitätsverbesserung auslösen (Qualitätsdynamik). Das ist die Kunst dabei.

Feedbacks haben nichts mit *richtig* oder *falsch* zu tun. Sie vermitteln nur einen persönlichen Eindruck darüber, welche Wirkung eine Sache, eine Situation, eine Entscheidung etc. auf den Feedbackgeber hat. In einer Gruppe können deshalb die Feedbacks zu ein und derselben Sache völlig unterschiedlich ausfallen. *Richtig* sind sie ausschließlich für den jeweiligen Feedbackgeber.

Personenbezogene Feedbacks werden meist von Trainern, Moderatoren oder Meetingleitern initiiert. Moderatoren lassen sich solche Feedbacks geben, um die Qualität ihrer Methodik oder ihrer Vorgehensweise zu ermitteln. Für Trainer und Berater ist das persönliche Feedback die beste Form der direkten Kundenbefragung. Auch Meetingleiter sollten die Teilnehmer nur mit einer kurzen Feedbackrunde entlassen. So lassen sich schnell und unmittelbar die Wirkung des Meetings und die allgemeine Stimmung ermitteln.

Damit Feedback funktioniert, bedarf es einiger einfacher Regeln.

**Feedbackregeln**

Bei Teams, die sich noch nicht gut kennen kann ein Moderator auf die Einhaltung der Regeln achten und den Rahmen für das Feedback abstecken. Die nachfolgenden Regeln gelten für das personenbezogene Feedback, lassen sich aber sinngemäß auf sachbezogene Feedbacks übertragen.

<u>Regeln für Feedbackgeber</u>

Wichtig ist die Sprache, mit der man Feedback zum Ausdruck bringt. Im Sinne des oben genannten Rechts auf das Abgeben von Feedbacks sollte dies durchaus mit Bestimmtheit geschehen. Solange der Feedbackempfänger nicht erniedrigt oder anderweitig geschädigt wird, ist selbstbewusstes Auftreten des Feedbackgebers angebracht. Wer allerdings seine wahren Ansichten zurückhält oder gar verfälscht, schadet dem Empfänger und der Sache. Meistens liegt das an der Angst sich selbst zu schädigen (z.B. bei Kritik an Vorgesetzten) oder weil man es mit dem Kollegen *gut* meint. *Gutmeinen* ist in diesem Fall aber schlecht, weil der Empfänger nicht erfährt, wo er sich verbessern könnte.

Der Feedbackgeber muss in der Ich-Form sprechen und seine eigene Meinung sagen. Es ist besonders darauf zu achten, dass er nicht als Vertreter des Teams auftritt, dazu ist er auch meist gar nicht autorisiert.

Äußerungen wie etwa *wir sind der Meinung, dass...* oder *ich kann wohl im Sinne aller Anwesenden sprechen...*, gehören in die Phrasenschublade.

Der Feedbackempfänger möchte immer direkt angesprochen werden, also mit *Du* oder *Sie* anstelle *er* oder *sie*. Das Feedback selbst soll möglichst konkret und beschreibend sein. Bewertungen oder gar Analysen und Schlussfolgerungen bei personenbezogenem Feedback sind zu vermeiden (*Du machst das nur, weil...*).

Die Wirkung eines Feedbacks ist immer dann am besten, wenn es möglichst zeitnah, also unmittelbar nach dem *Ereignis* gegeben wird.

Regeln für Feedbackempfänger

Wer Feedback als Chance versteht, wird sehr gut zuhören, sich evtl. Notizen machen und den Feedbackgeber nicht unterbrechen. Er hat natürlich das Recht sich Hintergründe des Feedbacks erklären zu lassen, schon um Missverständnisse zu vermeiden. Er wird sich im Anschluss an das Feedback bedanken, hat aber in der Regel keinen Grund sich zu rechtfertigen oder gar zu entschuldigen. Und er muss nicht erklären, was er jetzt zu tun gedenkt!

## 8.3  Fehlerkultur

In einem früheren Abschnitt habe ich die Frage nach dem Sinn von Prozessen mit: *Wir brauchen Prozesse damit wir von ihnen abweichen können* beantwortet und das auch begründet. Prozessabweichungen sind in der Regel keine Fehler im eigentlichen Sinne, sondern eher unvorhergesehene Anforderungen. Fehler passieren, wenn etwas falsch gemacht wird: falsche Handlung, falsche Entscheidung, falsche Information, eingetretene Risikofälle etc. Und es geht selbstverständlich nur um unbeabsichtigte Fehler! Natürlich setzen wir Werkzeuge und Methoden ein, mit denen Fehler und Risiken minimiert werden können. Trotzdem passieren Fehler – wie gehen wir damit um? Wie entsteht so etwas wie eine Fehlerkultur?

**Wo Menschen sind, passieren Fehler**

Fehlerkultur ist eine Frage des Umgangs mit eigenen und fremden Fehlern. Wie man sich im Falle von eigenen oder fremden Fehlern verhält, hat mit *sich trauen* und *Vertrauen* zu tun. Ein erstes Stück Kulturgut wäre die Aussage: Der größte Fehler ist, Fehler nicht zur organisatorischen oder persönlichen Verbesserung zu nutzen! Fehler sind fester Bestandteil des Lebens und man kann aus ihnen mehr lernen als aus Erfolgen. Allerdings braucht es eine gewisse menschliche wie auch organisatorische Reife, um konstruktiv mit Fehlern umgehen zu können.

**Der Umgang mit eigenen Fehlern**

Die Neigung eigene Fehler zu vertuschen ist umso größer, je mehr Angst man vor dem Bekanntwerden hat. Wer noch mit dieser *Angsthürde* kämpft, sollte beginnen eine Art *Fehlerselbstbewusstsein* zu entwickeln. Dieses Selbstbewusstsein beginnt damit, dass man sich seine Fehler selbst eingesteht und in der Lage ist, Auswirkungen und Ursachen eigener Fehler zu analysieren. Wer soweit kommt, kann auch Maßnahmen ergreifen, um eine künftige Wiederholung des Fehlers zu vermeiden. In der Folge davon wird man weniger Fehler machen, die Angst vor Fehlern verlieren und gleichzeitig den eventuell verloren gegangenen Mut wieder aufbauen. Als weiterer Schritt kann man vertraute Personen in eigene Fehler einweihen. Auch die Fähigkeit anderen Fehler zu verzeihen zeugt von eigenem Fehlerselbstbewusstsein. Der letzte Schritt: Gegenüber betroffenen Kollegen oder Vorgesetzten Fehler eingestehen und selbst Korrekturmaßnahmen vorschlagen und umsetzen. Der Weg zur offenen Fehlerkultur ist beschritten! Das alles ist natürlich nicht ganz so einfach wie es hier klingen mag!

**Umgang mit eigenen Fehlentscheidungen**

*Liebe Mitarbeiter, leider hat sich herausgestellt, dass meine Entscheidung X ein Fehler war....* Wenn die so eingestandene Fehlentscheidung nicht gerade zur Vernichtung von Arbeitsplätzen geführt hat, kann eine solche Aussage zu einer Welle ungeahnter Solidarität und Unterstützung führen. Solidarität ist ein Zeichen guter Beziehungsqualität! Die Art und Weise, wie mit Fehlentscheidungen umgegangen wird, hat großen Einfluss auf das Ansehen der *Fehlentscheider* bei Mitarbeitern, Vorgesetzten, Kollegen und Kunden. Rasches und konsequentes Gegensteuern nach einer

Fehlentscheidung zeigt, dass man sich durch den Fehler nicht entmutigen lässt und Herr der Lage bleibt. Dazu gehört, sich im eigenen Team offen und förmlich zu Fehlern zu bekennen und ein Konzept zur Schadensbehebung oder -begrenzung vorzulegen.

**Der Umgang mit fremden Fehlern**

Wenn man seine eigenen Fehler, wie oben beschrieben, *im Griff* hat, kann man auch leichter mit den Fehlern anderer umgehen und mithelfen, dass sie nicht wieder passieren. Für Vorgesetzte ist es wichtig, dass sie angemessen und individuell auf Fehler von Mitarbeitern reagieren. Der gutmeinende Chef (Vater, Mutter, Lehrer etc.), der immer wieder ein Auge zudrückt, tut weder sich noch seinem Mitarbeiter (Kind, Schüler etc.) einen Gefallen. Er sollte auf jeden Fehler reagieren, damit der Lern- und Verbesserungszyklus nicht zum Stillstand kommt.

(Kap. 7 und 8 sind angelehnt an [Huber, 2016])

# 9. Robert M. Pirsig: Zen oder die Kunst ein Motorrad zu warten

Robert M. Pirsig ist ein Philosoph und Schriftsteller, der sich insbesondere mit dem Wesen der Qualität auseinandersetzt. Von ihm habe ich den Begriff *Qualität ist ein Ereignis* übernommen [Pirsig, 1974], weil das im Umgang mit Qualität völlig neue und sehr hilfreiche Sichtweisen eröffnet – auch wenn ich *Ereignis* nur als zeitliches Phänomen verwende. *Nur* bedeutet, dass ich nicht vollumfänglich seiner Erkenntnis folge, dass nämlich Qualität weder im Subjekt noch im Objekt steckt, sondern etwas Eigenes, Drittes ist. Dennoch möchte ich Pirsig zitieren, weil seine Ausführungen wirklich interessant sind:

*Qualität ist kein Ding, sie ist ein Ereignis. […] Sie ist das Ereignis, in dem das Subjekt das Objekt gewahrt. Und weil es ohne Objekt kein Subjekt geben kann – weil die Objekte erst bewirken, dass das Subjekt sich seiner selbst bewusst wird – ist Qualität das Ereignis, in dem das Gewahrwerden sowohl von Subjekten als auch von Objekten möglich wird. […] Das bedeutet, Qualität ist nicht einfach nur das Ergebnis einer gegenseitigen Berührung von Subjekt und Objekt. Die Existenz von Subjekt und Objekt wird überhaupt erst von dem Qualitätsereignis abgeleitet. Das Qualitätsereignis ist die Ursache der Subjekte und Objekte, die dann*

*fälschlich für die Ursache der Qualität gehalten wer-*
*den!*

*[...] Wenn nämlich Qualität im Objekt vorhanden ist,*
*muss man begründen, wieso sie dann nicht mit wissen-*
*schaftlichen Instrumenten nachzuweisen ist. Man muss*
*entweder behaupten, sie sei doch mit wissenschaftli-*
*chen Instrumenten nachweisbar, oder sich an den Ge-*
*danken gewöhnen, dass sie deshalb nicht mit wissen-*
*schaftlichen Instrumenten nachzuweisen ist, weil der*
*ganze Qualitätsbegriff, den man sich da zurechtgebas-*
*telt hat, gelinde gesagt ein Haufen Unsinn ist. Im ande-*
*ren Fall, wenn Qualität subjektiv, nur im Wahrneh-*
*menden vorhanden ist, ist diese Qualität, von der man*
*so viel Aufhebens macht, nichts weiter als ein fantasie-*
*voller Name für alles, was einem gerade gefällt.*

Für Pirsig steht also der Dreiklang Objekt – Qualität
– Subjekt fest. Wobei Qualität nicht definiert ist, und
nach Pirsig nicht definiert werden kann, weil sie sich
streng formalen Denkakten entzieht: *Qualität braucht*
*nicht definiert zu werden. Man versteht sie ohne Defi-*
*nition, vor jeder Definition. Qualität ist eine unmittel-*
*bare Erfahrung, unabhängig von intellektuellen Abs-*
*traktionen und ihnen vorausgehend.* [Pirsig, 2006]

Obwohl ich Pirsigs Denkansätze faszinierend finde,
kann ich mit ihnen keinen Weg zu ihrer praktischen
Anwendung finden. Seinem Vorwurf, man könne Qualität am Objekt nicht messen und seiner Ablehnung
von subjektiver Qualität begegne ich mit einem, ausführlich beschriebenen, eigenen Ansatz:

Für den praktischen Umgang mit Qualität und die sich daraus ergebenden Konsequenzen, ziehe ich es vor, Qualität in unterschiedlichen Dimensionen und entweder im Subjekt oder im Objekt zu sehen (Abschnitt 1.3): die subjektive und objektive Qualität der Dinge und die subjektive Beziehungs- und Handlungsqualität. Wobei die objektive Qualität, wie beschrieben, messbar ist. Nicht messbar bleiben nur die subjektiven Qualitäten.

# 10.  Epikur: Über die Freude

Alles, was ich bis jetzt über moralisches Handeln zugunsten anderer, also zugunsten der Qualität und letztlich zugunsten unserer Freude, dargelegt habe, könnte man zu dem verdichten, was Epikur schon vor über 2300 Jahren geäußert hat [Epikur]:

*Wenn ich nun erkläre, dass die Freude das Ziel des Lebens ist, dann meine ich nicht die Lüste der Schlemmer noch die Lüste, die im Genießen selbst liegen [...]. Ich verstehe unter Freude: keine körperlichen Schmerzen leiden und in der Seele Frieden haben. Denn nicht häufige Trinkgelage und festliches Schmausen [...] schafft ein freudvolles Leben; Freude schafft vielmehr nüchternes Überlegen, das die Ursachen allen Verlangens und Leidens aufspürt und den leeren Glauben austreibt, aus dem die größte Verirrung der Seelen entspringt.*

*Anfang und höchstes Gut bei alledem ist die Vernunft. Deshalb ist die Vernunft sogar wertvoller als das Philosophieren. In ihr wurzeln alle übrigen Tugenden. Sie ist es, die lehrt, dass man nicht freudvoll leben kann, ohne vernünftig, anständig und gerecht zu leben, aber auch nicht vernünftig, anständig und gerecht, ohne freudvoll zu leben.*

*Denn von Natur aus sind die Tugenden mit einem freudvollen Leben verbunden, und ein freudvolles Leben ist von ihnen nicht zu trennen.*

Möglicherweise hat Schopenhauer die Inspiration zu seiner Mitleidsethik von Epikur bekommen. Denn dieser schreibt weiter:

*Das Leid unserer Freunde bewege uns nicht zum Klagen sondern zum helfen.*

Auch die Idee der Qualitätsdynamik ist Epikur nicht fremd:

*Wir müssen immer versuchen, den nächsten Tag besser zu gestalten als den vorhergehenden, solange wir auf dem Weg sind; sind wir dann ans Ziel gelangt, sollen wir glücklich und zufrieden sein.*

# 11. Zusammenfassung

Ausgehend von der Q-Frage: *Was ist Qualität? Wo findet Qualität statt? Unter welchen Bedingungen entsteht Qualität?* und den teils verwirrenden Definitionen von Qualität, erschien es vernünftig, zunächst unsere Erfahrungen mit Qualität in diesen vier Dimensionen darzustellen:

(1) Die objektive Qualität der Dinge
    (*Das Auto hat vier Räder*).

(2) Die subjektive Qualität der Dinge
    (*Das Auto gefällt mir*).

(3) Die subjektive Qualität von Beziehungen; Beziehungsqualität (*Die Nachbarn sind nett*).

(4) Die subjektive Qualität der Handlungen; Handlungsqualität (*Toll, wie er sein Team führt!*).

Weil wir wissen, dass Qualität immer *in Bewegung* ist, haben wir den Qualitätsdimensionen noch eine dynamische Komponente zugeordnet:

(5) Qualitätsdynamik – Die Triebfeder zur Verbesserung der Qualität (Effektivität und Effizienz) inkl. der Notwendigkeit Kompromisse einzugehen.

Bei der Untersuchung der objektiven bzw. subjektiven Qualität der Dinge konnten wir erkennen, dass der Ort der Qualität *am Objekt* bzw. *in mir* ist, und dass Qualität vergänglich, also ein Ereignis ist.

Bei der Untersuchung der Handlungs- und Beziehungsqualität mussten wir uns mit einer zentralen Frage der Moralphilosophie auseinandersetzen: *Warum soll ich zugunsten anderer handeln?* Mit Unterstützung unterschiedlicher Philosophen und philosophischer Theorien ist eine Reihe von Argumenten entstanden, denen zu Folge es vernünftig ist – *vernünftig sein müsste* –, moralisch zu handeln. Indem wir die Vernunft als wichtigen Schlüssel betrachten, sagen wir auch, dass moralisches Handeln auch bei gleichzeitigem Eigeninteresse nicht an Wert verliert.

Damit, so hoffe ich, habe ich hinreichend motivierende Antworten auf die Frage gefunden: *Unter welchen Bedingungen entsteht Qualität?*

# 12. Nachwort

Diese Schrift war ursprünglich nicht für eine Buch-veröffentlichung geplant. Vorausgegangen war ein jahrelanges Nachdenken über Qualität, lange ohne konkrete Ergebnisse. Nach weiteren Zeiten des Studiums verschiedener Philosophen, vielen tagebuchähnlichen Niederschriften auf langen Reisen, habe ich mich entschieden, meine Gedanken und Erkenntnisse in einem einzigen Stück Papier zusammenzufassen – immer noch ohne Gedanken an eine Veröffentlichung. Erst als der Text unerwarteter Weise immer umfangreicher wurde, kam der eitle Gedanke in mir auf, daraus ein kleines Büchlein zu machen. So habe ich nun eine gewisse Hoffnung, dass sich irgendjemand dafür interessieren könnte und dieser jemand hätte dann einen gewissen Nutzen davon. So gesehen gäbe es neben dem egoistischen auch noch einen *altruistischen* Grund für die Veröffentlichung.

Wie auch immer, nur darauf kommt es an:

Das schon von den antiken Philosophen postulierte Ziel, sich für ein *gutes und gelingendes Leben* einzusetzen, gilt bis heute. Wenn ich der Erfüllung dieses Wunsches näher kommen will, muss ich mich auch für ein Handeln für ein gutes und gelingendes Leben einsetzen. Dass dieses Handeln auch ein Handeln zugunsten anderer sein muss, erscheint vernünftig zu sein.

Neben der Vernunft gibt es noch eine weitere Triebfeder, welche bisher durch die sachlichen Argumente überdeckt wurde: die Liebe. Handeln zugunsten anderer erhält seine Energie durch die Liebe als Urform der Zuneigung. Diese wiederum ist die Voraussetzung für unser Überleben, unser Weiterleben, unsere Arterhaltung. Man kann die Liebe als einen genetisch festgelegten *Auftrag* zum Altruismus verstehen, einen Auftrag den wir alle mit der Geburt erhalten haben. Dieser Auftrag muss aber immer wieder erklärt und ständig vorgelebt werden. Die Liebe zu den Menschen und zu den Dingen ist gleichbedeutend mit der Sehnsucht nach der Qualität unserer Handlungen und Beziehungen.

Liebe und Qualität sind die zwei Seiten einer einzigen Medaille.

Es gibt die Hoffnung, dass moralisches Verhalten Einzelner und von Gruppen, weiterhin an positiver Strahlkraft gewinnt. Auch wenn es heißt: *Die Hoffnung stirbt zuletzt* – diese Hoffnung stirbt nie.


Bernhard M. Huber, März 2017

# 13. Kommentierte Literaturliste

[Bayertz, 2014] Kurt Bayertz,
Warum überhaupt moralisch sein? C.H.Beck
*Ein wichtiges, sehr gut zu lesendes Buch.*

[DGQ, 2005] Deutsche Gesellschaft für Qualität, CD-ROM 11-4, Begriffs-Teilsystem Vision

[Düllings, 2013] Carlo Düllings,
Spiegelneuronen – Gehirnzellen, die emotionale Empathie ermöglichen; http://www.empathie-lernen.de/spiegelneuronen-emotionale-empathie

[Ellebracht, 2002] Heiner Ellebracht, Systemische Organisations- u. Unternehmensberatung, Gabler

[Epikur] Epikur (342 bis 270 v.Chr.), Philosophie der Freude, Insel 1057, 2015
*Epikur [...] hat sein Interesse auf Glück und Behagen der Menschen in der diesseitigen Welt konzentriert.*

[Gabler] Springer Gabler Verlag (Herausgeber), Gabler Wirtschaftslexikon, Stichwort: Qualität,
http://wirtschaftslexikon.gabler.de/Archiv/55799/qualitaet-v6.html

[Huber, 2009] Bernhard M. Huber,
Managementsysteme f. IT-Serviceorganisationen, d.punkt
*Das Buch fokussiert auf die in dieser Branche gängigen Normen und Verfahren zur Einführung und zum Betrieb von Prozess- und Qualitätsmanagement. Die Vorstel-*

*lung von Qualität entspricht in diesem Werk sinnge-*
*mäß der hier definierten objektiven Qualität der Dinge,*
*welche sich allerdings in der Erreichung vorgegebener,*
*messbarer Kennzahlen erschöpft.*

[Huber, 2016]  Bernhard M. Huber,
Managementsysteme – Systemische Qualität,
tredition
*Die Inhalte von [Huber, 2009] wurden hier so verall-*
*gemeinert, dass sie für alle Branchen anwendbar sind.*
*Die besondere Aussage ist allerdings: Qualitätsma-*
*nagement kann nicht als selbstständige Management-*
*disziplin geführt werden. Stattdessen muss man ver-*
*stehen, dass Qualität aus dem Managementsystem*
*heraus entstehen muss (so dieses vollständig ist). Et-*
*was überspitzt ausgedrückt: Ein Qualitätsproblem ist*
*kein Qualitätsproblem, sondern ein Systemproblem.*
*Auch wenn viele weiche Faktoren eines Management-*
*systems angesprochen werden, bleibt Qualität auch in*
*diesem Buch im Wesentlichen auf das objektiv Mess-*
*bare beschränkt.*

[Hume] David Hume (1711-1776)
Über Moral, Kommentar von Herlinde Pauer-Studer,
Suhrkamp, 2007
*Es gibt interessante Ähnlichkeiten zwischen der Moral-*
*philosophie von Hume und jener von Schopenhauer*
*(1788-1860). Humes Grundlage der Moral sind Gefühle*
*und Empfindungen wie Sympathie und Mitgefühl, wäh-*
*rend er dem Verstand eine eher passive Rolle zu-*
*schreibt. Bei Schopenhauer (siehe dort) ist das Mitleid*

*der zentrale Antrieb für moralisches Handeln. Wegen dieser Ähnlichkeiten habe ich Hume in diesem Buch nicht zitiert.*

[Ludwig, 2012] Ralf Ludwig,
Kant für Anfänger: Der kategorische Imperativ, dtv, 14. Auflage
*Dieses Buch war mein Einstieg in die Welt der Moralphilosophie. Dass Kants Texte ungemein schwer zu lesen sind ist bekannt, deshalb sind die Erläuterungen von Ralf Ludwig für den Anfänger unentbehrlich. Kants Herleitung des kategorischen Imperativs ist anstrengend aber spannend.*

[Ludwig, 1995]Ralf Ludwig,
Kant für Anfänger: Die Kritik der reinen Vernunft, dtv

[Ludwig, 2008]Ralf Ludwig,
Kant für Anfänger: Die Kritik der Urteilskraft, dtv

[Pirsig, 1974]   Robert M. Pirsig,
Zen oder die Kunst ein Motorrad zu warten,
S. Fischer Verlag
*Pirsig gilt mein ganz besonderer Dank dafür, mich aus der Enge des allgemein üblichen Qualitätsbegriffs befreit zu haben. Mein Schlüsselerlebnis war und ist seine Idee, dass Qualität ein Ereignis und kein Zustand ist. Auch wenn ich mir seine Sicht von Qualität nicht vollständig zu eigen mache, ist das Buch ein Erlebnis!*

[Pirsig, 2006]   Robert M. Pirsig,
Lila oder ein Versuch über Moral, S. Fischer Verlag
*Dieses Buch kann als Fortsetzung seines Motorrad-Buches gelten. Pirsig entwickelt eine Metaphysik der Qualität, welche (zugegeben) nicht so leicht zu verstehen ist.*

[Schopenhauer]   Arthur Schopenhauer *(1788-1860)*,
Über die Grundlage der Moral, Meiner-Verlag, 2007
*Schopenhauers Philosophie des Mitleids ist sehr gut zu lesen. Da bei ihm Mitleid (neben Bosheit und Egoismus) eine Urtriebfeder ist, stellt sich bei ihm die Frage nach dem moralischen Sollen nicht. Allerdings ist er besonders streng, wenn er moralisches Handeln nur als solches gelten lässt, wenn es absolut rein ist, also frei von jeglichem Vorteil für den Handelnden.*

[Stemmer, 2000] Peter Stemmer,
Handeln zugunsten anderer, De Gruyter
*Stemmer analysiert den Kontraktualismus sehr detailliert und sehr gut lesbar. Zuletzt verwirft er aber den Kontraktualismus als nicht universell und sieht Mitleid als stärkste Quelle für altruistisches Verhalten.*

[SZ, 2015] M. Kläsgen, Süddeutsche Zeitung vom 4./5./.6. April 2015, Beruf & Karriere, Seite 73

Zeitfracht Medien GmbH
Ferdinand-Jühlke-Straße 7
99095 Erfurt, Deutschland
produktsicherheit@kolibri360.de